U0908200

月印万川

中华十大美德经典论述

陈杰思　毛　勇—著

九州出版社
JIUZHOUPRESS

图书在版编目（CIP）数据

月印万川：中华十大美德经典论述 / 陈杰思，毛勇著. -- 北京：九州出版社，2022.7

ISBN 978-7-5225-1023-1

Ⅰ.①月… Ⅱ.①陈… ②毛… Ⅲ.①品德教育—研究—中国 Ⅳ.①D648

中国版本图书馆 CIP 数据核字（2022）第 114760 号

月印万川：中华十大美德经典论述

作　　者　陈杰思　毛　勇　著
责任编辑　沧　桑
出版发行　九州出版社
地　　址　北京市西城区阜外大街甲 35 号（100037）
发行电话　（010）68992190/3/5/6
网　　址　www. jiuzhoupress. com
印　　刷　唐山才智印刷有限公司
开　　本　710 毫米×1000 毫米　16 开
印　　张　14. 5
字　　数　230 千字
版　　次　2022 年 7 月第 1 版
印　　次　2022 年 7 月第 1 次印刷
书　　号　ISBN 978-7-5225-1023-1
定　　价　68. 00 元

序言一

在现代信息社会中，人们浸泡于信息海洋之中，每天接受到大量的信息，有的信息真实而有价值，有的信息虚假而无价值，更多的信息是真实而无价值，甚至是真实而有害。

在色彩、声音交织的喧嚣中，许多人迷失于信息的海洋，载负着智慧和道德的圣贤经典语句却远离了大众。有的人丧失了自主思考的能力，丧失了对信息的选择、判断、组合能力，那么，他的思考，其实是潜伏于他内心的各种混乱、虚假信息的自动涌现。

本书呈现给大家的圣贤经典，与信息的不同之处就在于：圣贤经典是中华民族数千年中，数百亿人民用生命践行而产生的智慧结晶，是历代圣贤生命体证的道德硕果，是经过数千年历史检验、大浪淘沙而存留下来的金句。

人的内心一旦成为各种繁杂、混乱、虚假信息的容器，人性、道德观与价值观就会被淹没、被扭曲。只有通过对大量圣贤经典的诵读、学习、思考、体悟、践行，才能在人的内心中恢复善的本性，孕育道德观与价值观，生长智慧。

然而，中国的文化经典浩如烟海，仅《四库全书》收集的典籍就有八亿多字。现代人只能选择有代表性的、有价值的、实用的、精辟的经典语句进行学习。如果让每一个人都去面对数百部甚或数千部文化典籍进行选择，就必须下“皓首穷经”的功夫，这既不可能，也不必要。我长期以来在为民众代劳的使命感驱使下，研读上百部文化典籍，进行比较、选择、分类、阐释、体证、践行、重组、构建工作，终于形成由十大义理、一百一十个思想主题、一千多句经典语句、一千多个案例构成的国学经典学习体系，作为《正道管理学》的一部分——《管理之道》，放置于正道管理学网站（zdglx. com）上，为大众提供一种高效率、低成本、费时少的国学学习体系。

仁、义、礼、智、信、忠、孝、廉、毅、和十大义理，是中华民族的十大核心价值、十大道德理念、十大民族精神，用之于商界，就是十大商道；用之于政界，就是十大政道；用之于学校，就是十大师道；用之于家庭，就是十大家道。回顾中华民族的光辉历史，四大发明是中华民族的科技成就，十大义理是中华民族的人文成就。

毛勇校长是我长期研究、推广中华十大义理的合作者，2012 年我们在中华书局合作出版了《中华诵经典义理教程》，分为《仁》《义》《礼》《智》《信》《忠》《孝》《廉》《毅》《和》十部。毛勇校长有较强的思维能力、感悟能力，且对国学经典教育孜孜不倦，乐于奉献，创办大成学校、宣成桃源书院，将其作为国学教育之基地。毛勇校长在十大义理、一百一十个思想主题、一千多句经典语句的基础上进行再创作，增加一些新的材料，提供一些新的思考，以主题讲解的方式展现每一个主题的内在逻辑，以辅助或引导读者进行正确的思考、理解、体悟，执笔撰成此书。

读经是民族文化传承的必由之路，但需要有科学的、全面的、系统的读经方法，需要有诵读背记、理解体悟、践行运用三个环环相扣的环节。如果只是单纯强调诵读背记而忽视理解体悟、践行运用，则经典就会变成无意义的声音符号储存于心，异化或沦落为无价值的信息。朱子教导我们：“古昔圣贤所以教人为学之意，莫非使之讲明义理，以修其身，然后推以及人。非徒欲其务记览为词章，以钓声名，取利禄而已也。”（《朱文公文集》卷七十四）

学校中的传统文化教育，不仅仅需要读唐诗宋词，更需要读大量的圣贤经典。本书可以作为领导干部和公务员以及广大教育工作者国学素质读本，可以作为学校国学教育的读本，可作为家道家风教育的读本，还可以作为企业文化建设的读本。

是为序。

陈杰思

2022 年 2 月 18 日

序言二

中国历史源远流长，中华文化博大精深。历经千年的中华优秀传统文化从未中断，其所蕴含的中华民族的核心价值亘古常新，具有超越时空、跨越国度的永恒魅力。如何概括传统文化中所承载的核心价值思想绝非一件容易的事情。吾友云南师范大学陈杰思教授经过数十年的研究，提出了“仁、义、礼、智、信、忠、孝、廉、毅、和”为中华十大义理，亦即中华十大传统美德，中华民族十大价值观。

早在尧帝时期，中国就有了“克明俊德”的说法。在西周春秋时代，我国的传统伦理道德、价值观逐渐形成。在孔子思想中，“智仁勇”作为君子的三达德，是非常重要的德行，孔子也提出了“仁礼忠信孝”等美德。与孔子同时期的管仲把“礼、义、廉、耻”四种道德看作治国的纲领，其曰：“礼义廉耻，国之四维，四维不张，国乃灭亡。”孟子进一步发展了孔子的思想，提出了“仁义礼智”四端说，即恻隐之心，仁之端也；羞恶之心，义之端也；辞让之心，礼之端也；是非之心，智之端也。四端就是指儒家所应有的四种德行。汉代董仲舒进一步发展扩充为“仁、义、礼、智、信”，后称“五常”。“五常”不仅是个人的道德，也是古代社会、国家的基本价值。因此“五常”成了对中国社会影响深远的基本道德，是中国价值体系中的最核心因素。到了宋代，大儒朱熹曾提出“孝悌忠信礼义廉耻”，民间称为“朱子八德”，作为做人修身的基本道德。朱熹说：“使吾孝、弟、忠、信、礼、义、廉、耻之行日笃，而身无不修也。”1924 年，孙中山对传统固有的道德进行传承转化，提倡新八德“忠、孝、仁、爱、信、义、和、平”。总结以上德目，今天我们可以用“仁、义、礼、智、信、忠、孝、廉、毅、和”十大义理进行全面概括，从孔夫子到孙中山就是以中华十大义理为核心的道统代代承传。

中华民族的道德观和价值观不是凭空臆想制造出来的一套理论，而是由亿万生命不断总结，不断践行的成果，并且由历代圣贤表述出来形成经典。培育民族精神，传承中华美德，汲取圣贤智慧，获得幸福人生，唯一的途径就是诵读和学习中华文化经典，然自古流传下的经典卷轶浩繁，一般人不可能全面去通读，去研究，去总结，去发现，去提炼。庄子曾经说过："吾生也有涯，而知也无涯，以有涯随无涯，殆已！"诵读经典的目的只为通达大道，而历经千年而代代传递者，唯有义理，唯有道。本书就是以仁、义、礼、智、信、忠、孝、廉、毅、和十大义理为纲，并从上百部文化经典中选择经典语句，分 110 个小主题进行诠释论述，并结合当今时代和社会主义核心价值观对具有永恒价值的十大传统美德进行创造性转化和创新性发展，系统阐释每种精神的内涵、意义。

朱熹曾解读月印万川的道理："如月在天，只一而已，及散在江湖，则随处可见，不可谓月已分也。"意思是，月亮悬于夜空之上，人间的江河湖泊中却可以看到千千万万的月亮，但不能说有千千万万个月亮，世上终归只是一个月亮。程颢、程颐兄弟也提出："万物皆是一个天理。"而中华十大义理就是可印万川的明月，它可运用于人世间的方方面面，故可以称之为中华十大核心价值、中华十大传统美德、中华十大民族精神、中华十大企业精神、中华十大管理之道、中华十大政道、中华十大商道、中华十大家道等。

当然所谓"文以载道"，本书也不过是指月之手，如果读者能通过阅读本书喜欢上传统文化，找到学习传统道德经典的方向和捷径，能吸收中华优秀经典中的精华，甚而体悟到中华文化之道，吾"不亦乐乎"。

毛勇

2022 年 2 月 18 日

目　录

CONTENTS

卷一　仁

“仁爱”精神是中华民族精神的核心，“仁”列于“五常”之首。仁爱是以人的良知、善良本性为根基的爱，仁爱以人的良知为核心，依据远近关系向外层层扩展而形成自尊自爱、爱亲人、爱人民、爱天地万物四个层次。孔子提出“仁者爱人”的命题，韩愈将“仁”定义为“博爱”。孔子明确指出行“仁”之方是“己欲立而立人，己欲达而达人”，是“己所不欲，勿施于人”。孟子讲“亲亲而仁民，仁民而爱物”，将仁爱从亲人推向人民，推向天地万物。程颢所讲的“仁者以天地万物为一体”，乃是最高境界。“仁”是“礼”的内在精神，“仁”是“信”的必要前提，“仁”必须与“智”相统一。倡导“仁”的精神，养成了中华民族相互关爱、重良知、重道德的民族品格。

第一节 仁者爱人

仁者爱人是儒家最核心的理念。什么是仁呢？《论语》中樊迟问仁。子曰：“爱人。”[①]孔子讲仁就是爱人。孟子说：“恻隐之心，人皆有之。”恻隐之心，是一个人仁的开始，因此，仁爱源于人的善良本性。那么仁与不仁的标准是什么呢？就在于人是否对他人怀有恻隐同情之心。清朝著名文人、大臣张英说：“一言一事皆须有益于人，便是善人。”[②]希望“四海之内，合敬同爱”[③]，也就是让世界充满爱，是善良人们的共同愿望。

朱熹说：“以仁为爱体，爱为仁用。”[④]意思是，仁是爱的根本，爱是仁的发用。贪爱是索取，仁爱是奉献。爱他人的人，他人也会从而爱自己；有利于他人的人，他人也会从而有利于自己。《墨子》云：“夫爱人者，人亦从而爱之；利人者，人亦从而利之。”[⑤]爱出者爱返，如果你感受不到爱，是因为你没有发出爱的波动，当你发出爱的波动，这个世界像无数镜子，会加倍把爱返回给你。

爱有层次，“亲亲而仁民，仁民而爱物”[⑥]。自爱而人才爱诸，爱亲而爱人，才不悖德，正符合修身，齐家，治国，平天下的次第。你好了，世界就好了，仁者爱人从找到自己本善开始，从亲爱亲人开始，从仁爱他人开始，从发出爱的波动开始，从爱惜万物，取之有时，用之有节开始。

---

①［春秋］孔子《论语·颜渊》。

②［清］张英《聪训斋语》。

③［汉］戴圣《礼记·乐记》。

④［宋］朱熹《四书或问·论语或问》。

⑤［春秋］墨子《墨子·兼爱中》。

⑥［战国］孟子《孟子·尽心上》。

第二节 敬天爱物

张载说："民，吾同胞；物，吾与也。"[①]意思是，人民是我的同胞，万物是我的同伴。王阳明也一再强调"一体之仁"。庄子说："天地与我并生，而万物与我为一。"[②]仁者都是以天地万物为一体，而上天有好生之德。天、地、人、万事万物都是我们生命中不可分割的一部分，人类与自然应该和谐相处。爱自然，爱万物，爱天下一切美好的事物，就是爱我们自己。"爱人利人者，天必福之；恶人贼人者，天必祸之。"[③]

周敦颐窗前草不除去，程颢窗前杂草覆盖石砌，也绝不除去，并置盆池养数尾小鱼，经常观看。因为他们要"与自家意思一般""常见造物生意"，"欲观万物自得意"。古人从杂草蓬勃的生长和盆池里小鱼的灵动中感悟到万物的生命活力，一体同悲的精神。从而获知天地之大德曰生。古人这种敬天爱物的精神令人感动，也值得我们好好学习。

---

① ［宋］张载《正蒙·乾称篇》，《张载集》。

② ［战国］庄子《庄子·齐物论》。

③ ［战国］孟子《墨子·法仪》。

第三节 天理良知

王阳明告诉我们良知是本性具足的，人人都有良知，它是我们至善的本性萌发出来的，是道德的本体。我们常讲心如明镜，良知就是这面镜子，它“粹然至善，灵昭不昧”，其实我们每个人都怀揣这面宝镜，人之初，性本善，这就是我们的仁心、良知、天理。陆象山说千万世之前，千万世之后的圣人都是一样的天理良知，慧能大师也讲“人有南北，佛性无别”。人同此心，心同此理。虽然人人都有这天理良知，但很多人却“蔽于见闻习染”，好好的宝镜，落满私欲的尘埃，“丧尽天良”了。

那什么是天良、天理呢？就是我们常说的天地良心。朱子说：“仁者，天地生物之心，而人物所得以为心。”[①]张载说“为天地立心”[②]。天理就是天心，天地之化育的仁心，因为这颗生生之仁心，才让这个世界成为一个生机勃勃、有目的、有意义、有价值的生命宇宙。

因此也可以说天理良知是人存在的意义、世界存在的意义，我们无法想象没有天理良知的世界将是多么可怕。心外无理，心外无物，“天地鬼神万物，离却我的灵明，便没有天地鬼神万物了。我的灵明，离却天地鬼神万物，亦没有我的灵明”[③]。王阳明游玩时，朋友指着山中花树问他：“天下无心外之物，如此花树，在深山中自开自落，于我心亦何相关？”王阳明答道：“你未看此花时，此花与汝心同归于寂；你来看此花时，则此花颜色一时明白起来，便知此花不在你的心外。”

佛云：世间万法，唯心所现，唯识所变。天理良知无须外求，就存在于我们的心灵之中。它是人的观念、行为的指南针，“尔那一点良知，是尔自家底准则”[④]。只要我们有存天理、致良知的决心，时时勤拂拭，勿使惹尘埃，不断地修己安人，定能达到“吾心光明，亦复何言”的境界。

---

①［宋］黎靖德《朱子语类》卷九十五。

②［宋］张载《横渠语录》。

③［明］王守仁《传习录》。

④［明］王守仁《传习录》。

第四节　存养善念

如何存养善念呢？

第一，要有省察觉知的功夫，佛门常说，不怕念起，只怕觉迟。明朝著名谏臣杨忠愍先生认为人或独坐时，或夜深时，念头一起，则要自己检讨这个念头是好是恶，好的就可以去做，恶的就不要再去想了。“知善知恶是良知”，判断的标准就是天理良知。

第二，要有滋养体认的功夫，虽然人人心中有仲尼，但人终非圣贤，难免被物欲遮蔽心体，产生误判，做出逆理乱常的选择。孟子说：“虽存乎人者，岂无仁义之心哉？其所以放其良心者，亦犹斧斤之于木也，旦旦而伐之，可以为美乎？……故苟得其养，无物不长；苟失其养，无物不消。”①王阳明说：“善念发而知之，而充之；恶念发而知之，而遏之。”②格物致知，体认天理，去掉心里的杂念，让“虚室生白”定会“吉祥止止”。滋养善念，善之树也定会根深蒂固、枝繁叶茂。

第三，要有克己持守的功夫，“敬则心存，心存而一静一动皆出于正”。心存敬畏，时时自警，日日自省，良知本性就不会被染污，言行必然符合正道。太上曰：“夫心起于善，善虽未为，而吉神已随之；或心起于恶，恶虽未为，而凶神已随之。”③程颢、程颐兄弟也警告我们：“一念之欲不能制，而祸流于滔天。”④俗语也常说：“一念天堂，一念地狱。”《易经》曰：“君子终日乾乾，夕惕若厉，无咎。”要想做到无咎，只有克己持守，战战兢兢，如临深渊，如履薄冰，敢于与自己赤诚相见，与私心斗争，与贪欲较量。才能真正做到“吾心有主，不为所动”。

存养善念，就像在茫茫大海中为一座灯塔充电加油，去除恶念，就像擦去灯塔的斑斑锈迹，天理良知就是我们冲破黑暗迷雾之灯塔。相信心存善念，必有善行，善念善行，天必佑之。

---

①［战国］孟子《孟子·告子上》。

②［明］王守仁《传习录·际澄录》。

③《太上感应篇》。

④［宋］程颢、程颐《二程遗书》。

第五节　推己及人

孔子的“仁者爱人”，说的就是人与人之间相互亲爱的关系，想到自己就要想到别人。仁字从人，从二，二人为仁，“君臣、父子、夫妇、兄弟、朋友”，这就是中国传统社会的二人关系，儒家的仁进而从自我与内心、自我与他人推及至自我与万物。一个人仁与不仁，关键要看他如何处理这些关系。阮元在《论语论仁论》中说：“凡仁必于身所行者验之而始见，亦必有二人而仁乃见，若一人闭户斋居，瞑目静坐，虽有德理在心，终不得指为圣门所谓之仁矣。”[①]这正如王阳明所说的只是静处体悟还不够，“人须在事上磨炼，做功夫，乃有益”。

那么实行“仁”的方法和途径是什么呢？曾子说，“夫子之道，忠恕而已矣”，在孔子看来，行仁之方就是“忠恕之道”，即“己欲立而立人，己欲达而达人”，“己所不欲，勿施于人”。这是儒家道德准则，也是人类社会的伦理黄金法则。忠是从积极方面说的，自己对“立”、对“达”渴望和期待，就应联想到他人也同样如此，然后去帮助他人实现“立”和“达”。修齐治平，达则兼济天下，先富带后富，构建人类命运共同体，都是仁者所当为。恕是从消极方面说的，自己不想要的，也不要强加给别人。尽己之谓“忠”，推己之谓“恕”，“忠恕”就是在内思尽己的基础上推己以及人。《贾子道术》里说：“以己量人谓之恕。”如心为恕，“俗语所谓‘将心比心’，如此，则各得其平矣”[②]。

人能弘道，为仁由己。孟子曰：“行有不得，反求诸己。”韩昌黎也告诫我们“其责己也重以周，其待人也轻以约”[③]。如此修身，定能做到“推己及人，推己及物”，从而“修己安人”，实现“博施于民而能济众”，“人与万物一体”，天人合一的大同理想。

---

①［清］阮元《论语论仁论》。

②［宋］朱熹《朱子语类》卷十六。

③［唐］韩愈《昌黎先生文集·原毁》。

第六节 修道明德

什么是道？朱熹说“道者，事物当然之理”，即万物生化本身所固有的原理规律，也包括人类生活所应守的价值原则。具体内容主要是仁、义、礼、智、信、忠、孝、廉、毅、和十大义理。“尧以是传之舜，舜以是传之禹，禹以是传之汤，汤以是传之文、武、周公，文、武、周公传之孔子，孔子传之孟轲”①，又经过董仲舒、韩愈、朱熹、王阳明、黄宗羲、康有为发扬光大。这就是中华民族代代相传的道统。

什么是德？王弼在《老子注释》里写道：“德者，得也。……何以得德？由乎道也。”按照道万物生化的原理规律，人类生活的价值原则去为人处事，这就是德。简而言之，“德”就是得之于己的“道”。因此道德的本质就是“道”内化于己，见之于行。

老子说：“道生之，德畜之，物形之，势成之。是以万物莫不尊道而贵德，道之尊，德之贵，夫莫之命而常自然。”②道创生了天地万物，并把道留存在天地万物之中成为德，来滋养万事万物。道德为什么如此尊贵，因为他顺其自然。这也是我们人之本性，我们做善事的时候，就会感觉很舒服，很喜悦，就是因为顺应了我们的自然本性。做恶事的时候，就会感到不安，做贼心虚，就是因为违背了我们的自然本性，这就是不道德。

子曰：“朝闻道，夕死可矣。”孔子认为“道”具有至高无上的意义，是倾其生命追求的对象。“志于道，据于德，依于仁，游于艺。”③对于读书人而言，心无旁骛地立志求道、行道是理所当然的事情，这是原则问题，思想志于道，行为持守德，道德表现的依据是仁，有没有道德就表现在对人对物有没有爱心。当然立身求道，不是叫我们远离生活，不是苦行自虐，而是随心所欲不逾矩，从容自在，不乏游艺，也有“浴乎沂，风乎舞雩，咏而归”的生活情趣。立身求道也不是叫我们空谈心性义理，“好仁不好学，其蔽也愚”④。《礼记·中庸》讲：“故君子尊德性而道问学，致广大而尽精微，极高明而道中庸。”⑤所谓“尊德性”，是指不断地修身以加强自己的道德修养；所谓“道问学”，则是对知识的追求与实践，“博学之，审问之，慎思之，明辨之，笃行之”，这才是我们修道明德的最佳路径。

---

① [唐] 韩愈《昌黎文集·原道》。

② [春秋] 老子《老子》第五十一章。

③ [春秋] 孔子《论语·述而》。

④ [春秋] 孔子《论语·阳货》。

⑤ [汉] 戴圣《礼记·中庸》。

第七节 以友辅仁

为什么要交朋友，曾子说“以友辅仁”，以互相帮助培养仁德作为结交朋友的目的。我们常说“近朱者赤，近墨者黑”。美国诗人史蒂文斯（Stevens）有一句诗：“你是你周围的事物。”可见客观环境对人的影响有多大，而你身边的朋友无疑就是决定你的“仁德”的重要成长环境。《说苑》里有句名言：“与善人居，如入兰芷之室，久而不闻其香，则与之化矣；与恶人居，如入鲍鱼之肆，久而不闻其臭，亦与之化矣。”[①]意思是说，和善良的人相处，就像进入到栽满兰花、白芷的房屋，时间一久就感觉不到它的香味，这就是被它同化了；和邪恶的人相处，就像进入卖鲍鱼的市场，时间久了就感觉不到它的臭味，这也是被它同化了。

那如何交朋友呢？曾子主张“以文会友”，就是以文章学问来交朋友。文章学问看似“淡如水”，然时时切磋琢磨，互相扶持帮助，当然不只是一味地点赞，也有“切切偲偲”，互相责善批评，共同进步，久而志同道合而情浓。朱熹曰：“讲学以会友，则道益明；取善以辅仁，则德日进。”[②]因此，交友的原则标准就是道义，“朋友，以义合者”，“道不同不相为谋”，“博弈之交不终日，饮食之交不终月，势利之交不终年，惟道义之交，可以终身”[③]。以酒肉会友，以获得利益相交，势尽交情止，不会长久。唯有志同道合的人才可结交为朋友。孔子曰：“益者三友，损者三友。友直，友谅，友多闻，益矣。友便辟，友善柔，友便佞，损矣。”[④]让我们以此为参照，远小人、近君子，一定会终身受益。

---

①［汉］刘向《说苑》。

②［宋］朱熹《四书集注》。

③［清］金缨《格言联璧》。

④［春秋］孔子《论语·季氏》。

第八节 仁心善行

与人为善是中华民族的传统美德，是为人处世的重要准则。《孟子·公孙丑上》中说："取诸人以为善，是与人为善者也。故君子莫大乎与人为善。"意思是学习别人的长处用来完善自己的品德，这又有助于别人培养品德。所以，君子最高的境界就是与人为善。与人为善关键要具有"仁心善行"。判断一个人是否具有"仁心善行"，不能只凭外表或身外之物，今之人见面就称美女帅哥，或是某某真有钱。而我小时候，长辈评价他人多是某某仁义。《荀子·非相》讲："形相虽恶而心术善，无害为君子也；形相虽善而心术恶，无害为小人也。"看来我们不能简单地以貌取人，以物取人，一个人的心灵美才是最重要的。

仁心善行，其实就是我们儒家修身的目标，《论语》中有一个著名的"修身之答"。子路问老师："什么样的人算是君子？"孔子说"修己以敬"，"修己以安人"，"修己以安百姓"。在这里，孔子为我们指出了"内圣外王"之路，即"以敬""以安人""以安百姓"，这是值得每个人认真学习和体认的。在孔子看来，只有拥有"恭敬谨慎"，才会有所畏，才不会成为欲望的奴隶。程颐说："进学在于致知，涵养则在于敬。"朱熹认为："敬字功夫，乃圣门第一要义，彻头彻尾，不可顷刻间断。"当然仁者爱人，二人为仁，"修己以敬"说到底不是为了利己，而是为了利他。孟子讲："穷则独善其身，达则兼济天下。"君子修自己的身，为人做事无愧于心，并能帮助周围的人快乐、幸福、富足，这才是"仁心善行"。《论语》里讲："君子成人之美，不成人之恶。"《墨子·尚贤》也说："有力者疾以助人，有财者勉以分人，有道者劝以教人。"都是"修己以安人"的表现。

仁心善行的最高的境界，那当然是"修己以安百姓"，《大智度经》云："大慈与一切众生乐，大悲拔一切众生苦。"虽然"尧舜其犹病诸"，但孔子用自己的一生追求为我们做了榜样。修齐治平，内圣外王成为中国历代读书人的追求，我相信只要每个人以自强不息，以无己、无名、无功的“菩萨道”精神，终日乾乾，甚至“知其不可而为之”，只问耕耘，不问收获，“天下之人皆相爱，强不执弱，众不劫寡，富不侮贫”[1]的理想一定会实现。

---

①［战国］墨子《墨子·兼爱上》。

第九节　必仁且智

董仲舒认为儒家的理想人格是“必仁且智”，今天我们说的德才兼备就是这种情况。“才者，德之资也；德者，才之帅也。”[①]德为导向，才是基础；德由才来发挥，才由德来统帅。相对于才来说，德更是根本。也就是说仁才是核心，智是实现仁的前提。仁智统一才是为人之道。

“仁而不智，则爱而不别也。”没有智慧的仁者，则会滥用同情心，是非不分，如农夫救蛇一般，好心做出坏事来，变成一个“烂好人”。孔子认为：“未知，焉得仁?”没有智，分不清仁与不仁，其实也算不上仁。“爱人不以理，适是害人；恶人不以理，适是害己。”[②]仁而不智，最终害人害己。

“智而不仁，则知而不为也。”[③]有智慧而不仁爱的人，知道什么是善事也不会去做。仁是本，智是末，仁之不存，智又如何，“君子挟才以为善，小人挟才以为恶”[④]。无数史实一再证明，高智商、多知识而无仁心，这样的人更危险，更可怕，更具破坏性。彼得·德鲁克（Peter F. Drucker）说：“一个人道德好不足以成事，但道德不好，一定能够败事。”董仲舒告诫我们：“故不仁不智而有材能，将以其材能，以辅其邪狂之心，而赞其僻违之行，适足以大其非，而甚其恶耳。”[⑤]意思是说，没有仁德、智慧而只有才能，就会将他的才能用来辅助他的邪恶、狂妄之心，辅助他的恶逆行为，这恰好足以扩大他的错误，增加他的罪恶。

因此，一个人要成就理想人格，必须仁智双修才行。“好仁不好学，其蔽也愚；好知不好学，其蔽也荡。”智慧是可以通过学习、修炼而积累的。孔子就是好学的榜样，“十室之邑，不如丘之好学也”，“我学不厌而教不倦也”。子贡曾经赞扬老师：“学不厌，智也；教不倦，仁也。仁且智，夫子既圣矣。”孔子说，有智慧的人，什么事都能明白，看得清清楚楚，他不会迷惑。有仁德的人，心里没有自己，与天地万物一体，他所想所做都是为他人的利益，他有什么好忧虑？勇敢的人，办事就不怕困难，毫无畏惧。让我们以圣人为榜样，向“知者不惑，仁者不忧，勇者不惧”[6]三达德的目标努力吧。

---

①［宋］司马光《资治通鉴》卷一。

②［清］魏际瑞《伯子公文》卷八。

③［汉］董仲舒《春秋繁露·必仁且智》。

④［宋］司马光《资治通鉴》卷一。

⑤［汉］董仲舒《春秋繁露·必仁且智》。

⑥［春秋］孔子《论语·子罕》。

第十节　恻隐忧患

恻隐是指对遭受灾祸或不幸的人或事物产生同情之心、不忍之情。《孟子》曰："恻隐之心，人皆有之。"并举例说，当有人突然看见孩子即将掉入水井中，会产生惊恐、同情的心理，都会情不自禁地伸手想去援救。这不是要同孩子的父母结交，也不是要在乡亲、朋友那里得到称赞，也不是厌恶小孩子惊叫的声音。因此可以说恻隐之心没有任何功利目的，是人天生拥有的良知，"非由外铄我也，我固有之也"。它是仁爱的发端。王阳明先生说："生民之困苦荼毒，孰非疾痛之切于吾身者乎？"[①]意思是说，人民的艰难疾苦，哪一样不是像我身上的切肤之痛呢？这种切肤之痛就是恻隐心，是非心，仁爱心，就是人的良知。它来源于"天地万物一体之仁"。固然人之初，性本善，然"求则得之，舍则失之"，如果不好好学习，刻苦修炼，良知也会迷失。孟子认为："学问之道无他，求其放心而已矣。"学问之道没有别的，就是找回那丧失的良心罢了。

《周易·系辞下》中说："作《易》者，其有忧患乎？"自孔子开始，儒家历来具有"以天下为己任"的忧患意识。孔子说："人无远虑，必有近忧。"意思是，如果一个人没有长远的思虑，忧愁就会很快降临，这是告诫人们，要有忧患意识。在孔子看来，"君子忧道不忧贫"，"德之不修，学之不讲，闻义不能徙，不善不能改，是吾忧也"[②]。"德之不修"显然是孔子最为忧心之事，《礼记·大学》云："自天子以至于庶人，一是皆以修身为本，其本乱而末治者，否矣。"无论是天子也好，庶人也罢，都应当把修身作为根本，只有把修身这个根本处理好了，国家方可长治久安。孟子说："生于忧患而死于安乐也。"[③]忧患可以让人奋发图强，让国家兴盛，而享乐安逸则可以使人堕落，使国家衰亡。孔孟的"忧道、忧民、忧国、忧天下"恰是仁者的勇敢担当精神。从"凡忧患之事欲任，乐事欲后"[④]到范仲淹的"先天下之忧而忧，后天下之乐而乐"，无疑是儒家群体忧患意识的最好诠释。

---

①［明］王守仁《王文成公全书》卷二。

②［春秋］孔子《论语·述而》。

③［战国］孟子《孟子·告子下》。

④［战国］孟子《性自命出》。

第十一节 仁政惠民

子曰：“为政以德，譬如北辰，居其所而众星共之。”[①]孔子用了一个十分形象的比喻为我们描绘了为政的理想状态。孟子继承了孔子的为政思想，他说：“尧舜之道，不以仁政，不能平治天下。”[②]德治仁政是历代儒者共同的追求。那如何才能实现仁政呢？

“政者，正也。”为政者要正己修身，《大学》里详细论证了修身与治国的关系，“物格而后知至，知至而后意诚，意诚而后心正，心正而后身修，身修而后家齐，家齐而后国治，国治而后天下平”。为政者必须以身作则，自重而威，“是以惟仁者宜在高位。不仁而在高位，是播其恶于众也”[③]。因此，为官不仁，绝不是个人私德问题，往往为害一方，严重破坏当地政治生态、道德生态。南宋水心先生说：“人君必以其道服天下，而不以名位临天下。”[④]孟子也说，“以力服人者，非心服也，力不赡也；以德服人者，中心悦而诚服也”[⑤]。靠名位权势去压人，人们最多是无奈地服从，而以德服人者，才能使人心悦诚服。《论语》讲：“故远人不服，则修文德以来之。”意思是如果远方的人不归服，就要修养道德，“君子之德风，小人之德草”[⑥]，自然会吸引他们过来归附。

“民惟邦本，本固邦宁。”[⑦]实行仁政要以民为本。荀子曾论述执政者和群众的关系，“君者，舟也；庶人者，水也；水则载舟，水则覆舟”[⑧]。你关心群众利益，人民就支持你，反之，人民就背弃你。政之所兴，在顺民心；政之所废，在逆民心。《管子》的这句话，正道出民心与执政者相辅相成的关系。夏桀和商纣王之所以失掉天下，就是因为失掉民心。所以执政者务要“以百姓之心为心”，“博施于民而能济众”。正像孟子所言：“乐民之乐者，民亦乐其乐；忧民之忧者，民亦忧其忧。乐以天下，忧以天下，然而不王者，未之有也。”[⑨]

① [春秋] 孔子《论语·为政篇》。

② [战国] 孟子《孟子·离娄上》。

③ [战国] 孟子《孟子·离娄上》。

④ [明] 杨士奇等《历代名臣奏议》卷五十四。

⑤ [战国] 孟子《孟子·公孙丑下》。

⑥ [春秋] 孔子《论语·颜渊》。

⑦ [汉] 孔安国《尚书注疏》卷六。

⑧ [战国] 荀子《荀子·王制》。

⑨ [战国] 孟子《孟子·梁惠王下》。

卷二　义

"义"即人的行为中表现出来的正义精神。正义维护的是整体利益，因而正义的最大障碍是贪图不正当的私利，所以要"见利思义"，"重义轻利"，"先义后利"。只有在正义的前提下，才能讲个人利益。在现代社会，欲达到正义之目的，就必须具有平等精神、自由精神、民主精神、法治精神、人权意识、公民意识，因此，这六种精神也可纳入"义"的范畴之中。在"义"的践行中，容易出现的问题是存在专制作风、官僚特权思想，在小集体圈子里讲"义气"，以抽象的"义"去压制人们对合法利益的追求。倡导"义"的精神，养成了中华民族见义勇为、重视整体利益的民族品格。

第一节　适宜适中

“义”是儒家“五常”之一。孔子一生孜孜不倦，到处奔走，就是为了行“义”。那么何以为“义”呢？《中庸》说：“义者，宜也。”“义”就是适宜，适当，应当的意思。汉刘熙在《释名·释言语》里写道：“义，宜也，裁制事物，使合宜也。”“义”也有对事物进行裁断使之合宜的意思。《墨子·天志上》云：“义者，正也。”“正”就是符合道德，符合善，就是“道义”。孟子说：“义，人路也。”“义”是人们所应行的正确的道路。因此，可以概括地说，义是公正、合理而应当做的，是人行为的准则，是为人处事行为的适宜性、正当性的价值判断标准和道德原则。

《周易》艮卦的彖语曰：“艮，止也。时止则止，时行则行，动静不失其时，其道光明。”艮就是抑止的意思，意思是说，该停止的时候就停止，该行进的时候就行进，动与静都不失动机，前途就会光明。司马光《传家集》里也有“太刚则暴，太柔则懦，太缓则泥，太急则轻”。可见我们为人处事要符合“义”，就要做到适时、适度、适中。孟子曾说，杨子奉行“为自己”，拔根汗毛就对天下有利，他也绝不干。墨子提倡“兼爱”，哪怕从头到脚都受伤，只要对天下有利，他也愿干。子莫持中间态度，持中间态度就已经接近正确了。但“执中无权”，不会变通，也还是执着在一点上，这也是不符合道义的。

朱熹说：“君子见得这事合当如此，却那事合当如彼。”[①]因此，只要在适宜性、正当性的两个原则下，“义”是灵活可变的，可以因时、因地、因人、因事、因势制宜，经权结合，唯变所适，这都是符合“义”的。

---

①［宋］黎靖德《朱子语类》卷二十七。

第二节 公平正义

公平正义思想是儒家政治伦理思想的一个重要内容，许慎《说文解字》言：“公，平分也。”《易经》坤卦云：“直，其正也；方，其义也。君子敬以直内，义以方外。”“直”指正直，“方”指合宜。君子效法这一精神，内心正直以保持敬重，外在合宜以接触他方外人。朱熹说：“公者，心之平也；正者，理之得也。一言之中，体用备矣。”[①]公是体，正是公之用，公是正的前提，正是公所要达到的目标和结果。因此，公平正义的基本含义包括公允持平、不偏不倚、办事公道、利益均衡、是非清楚、道义分明。

《易经》乾卦云：“‘云行雨施’，天下平也。”意思是“天下普得其利而均平不偏陂”，足见天道是公平正义的。“有天地然后有万物，有万物然后有男女”，人生在天地间，自然应该效法天道。《尚书·汤誓》言：“夏氏有罪。予畏上帝，不敢不正。”人要敬畏上天，替天行道。凡事“义之与比”，依道义而行，执行公平正义。《尚书·洪范》曰：“无偏无党，王道荡荡；无党无偏，王道平平。”因为“无偏无党”，拥有公心，符合天道，自然会有“王道平平荡荡”的正义结果。《道德经》第十六章中曰：“知常容，容乃公，公乃王，王乃天，天乃道，道乃久，没身不殆。”知道常道，就能包容；包容，才能达到公正；公正，才能成为王者；成为王者，必须符合天意；符合天意，才合乎道；合乎道，才能平安久长，终身没有危难。一言以蔽之：“公生明，偏生暗。”[②]

特别作为为官一方的执政者，做到公平正义十分重要，《论语》曰：“不患寡而患不均，不患贫而患不安。”明代汪天赐在《官箴集要·正心篇》里说：“夫居官守职以公正为先，公则不为私所惑，正则不为邪所媚，凡行事涉邪私者，皆由不公正故也。”意思是做官尽责以公正为先，有公心就不会被私心所迷惑，行得正就不会被邪恶所困扰，凡是做事情涉及邪恶和私心，都有不公正的缘故。

当然公平正义不是绝对的，《礼记》就有“门内之治，恩掩义，门外之治，义断恩”的说法。意思是家庭私人领域的治理，以恩情为主导，兼顾正义。在公共领域的治理，必须坚持公正公平的原则，排除恩情的因素。门内也好，门外也好，或是踏在门槛上也好，都要具体问题具体分析，权其两端而执中，否则就沦为孟子所说的“执中无权，犹执一也。所恶执一者，为其贼道也”③。

---

①［宋］黎靖德《朱子语类》卷二十六。

②［战国］荀子《荀子·不苟》。

③［战国］孟子《孟子·尽心上》。

第三节 守道行义

老子曰："道生一，一生二，二生三，三生万物。"道生化万物，是物质世界的本原。同时老子又说："人法地，地法天，天法道，道法自然。"因此，道是万物本身生而固有的原理规律。因"人与天地互参"，道也包括人类生活所应守的道德伦理。《韩非子·解老》认为"万物各异理，而道尽稽万物之理"。朱熹说："道者，事物当然之理。"[①]不难看出"道"是客观性的概念，其本身便意味着绝对意义的正确。孔子认为"道"是至高无上的，"君子谋道不谋食。君子忧道不忧贫"。《申鉴·杂言上》云："违上顺道，谓之忠臣。"为了遵循正道，甚至可以违背君主。荀子也提出"从道不从君，从义不从父"[②]。

义建立在道的基础上，"不顺天道，谓之不义"[③]。义一般体现在具体行为的正当性和合宜性上。其他德目只有行而合宜，才有道德意义。"义者，行而宜之，合于道则谓义。"[④]因此我们常说"道义""仁义""信义"等。比如《礼记·礼运》云："仁者，义之本也，顺之体也，得之者尊。"意思是仁爱是正义的根本，也是和顺的基础，心存仁爱的人就会受人尊敬。孟子说，"仁，人心也；义，人路也"[⑤]，"恻隐之心，仁之端也；羞恶之心，义之端也"[⑥]。"仁"是人内在的德性，是人之为人的根本，比如说对他人的怜悯之心。而"义"既云"羞恶"，显然具有自觉的内在道德律令，是自我裁断行动是否合宜正当的标准，是外在行为的尺度，是人之能群的法则。义给人指明了方向，指出了一条明路。

因此"道义"合用，就是指社会生活所应遵循的至高原则，是人类行为价值判断的共识标准。《论语·里仁》曰："君子之于天下也，无适也，无莫也，义之与比。"君子行事，无适无莫，无可无不可，唯有依从道义来行事。孟子曰："大人者，言不必信，行不必果，惟义所在。"[⑦]孔子曾被迫在蒲国赌咒发誓永不去卫国，结果出城就直奔卫国而去。无疑是君子"无适无莫""义之与比"的具体表现。

---

① [宋] 朱熹《论语集注》卷二。

② [战国] 荀子《荀子·子道》。

③ [汉] 董仲舒《春秋繁露》。

④ [宋] 胡瑗《周易口义·说卦》。

⑤ [战国] 孟子《孟子·告子上》。

⑥ [战国] 孟子《孟子·公孙丑下》。

⑦ [战国] 孟子《孟子·离娄下》。

第四节 义利相生

董仲舒说："天之生人也，使人生义与利，利以养其体，义以养其心，心不得义，不能乐，体不得利，不能安。"[①]意思是上天降生了人，使人产生了义和利两个方面。利是用来供养自己的身体的，义是用来滋养自己的心灵的。心灵中没有义，就不会有快乐；身体得不到利，就不会有安适。可见追求正义是人的需要，追求正当利益也是人的共同需要。王阳明讲"良知只在声色货利上用功"[②]，声色货利，只要用得其正，都不失为天理。功名富贵、声色货利不是洪水猛兽，善取之，善用之，我们的生活就会变得非常美好。"义以生利，利以丰民。"[③]但必须"君子爱财，取之有道"。所以阳明先生说，要在声色货利这些方面用功致良知。当自己的心达到纯乎天理的状态，则出入红尘而不染。既能享受物质财富的美好，又不会成为物质的奴隶，沉溺其中而不能自拔。

义利相生，不能产生正当利益的正义是虚假的。叶适在《水心集》里说："读书不知道传承道统，虽然多也是无益的；写文章不涉及教化之事，虽然工整也是无益的；真正的践行如果不符合大义，虽然高深也是无益的；立了志却没有忧患意识，虽然符合仁道也是无益的。"我们来到这个世界，如果不能创造精神和物质财富，那还有什么正义？"既无功利，则道义者乃无用之虚语耳。"[④]

义利相生，这是义利统一的情况下所采取的原则，朱熹在解董仲舒所言"正其谊不谋其利，明其道不计其功"时说："正其义则利自在，明其道则功自在。专去计较利害，定未必有利，未必有功。"[⑤]意思是追求正义，那么功利自然存在，昌明正道，那么功利自然存在。专门去计较利害，不一定有利，也不一定有功。不难看出朱子也是不反对"利"的，只是反对"利心"，反对"专门去计较利害"。

如果义与利发生冲突时，我们采取"以义制利""义然后取"的原则。"欲思其利，必虑其害。""利者，众人所同欲也。专欲益己，其害大矣。

欲之甚，则昏蔽而忘义理；求之极，则侵夺而致仇怨。”[6]说的是利益是众人所共同需要的，只想着对自己有利，这种危害是极大的。欲望过多，就会使心灵昏蔽，忘记义理；追求太多，就会发生侵夺，并且导致怨仇产生。所以，失去道义制约的利益是有害的。

---

① [汉] 董仲舒《春秋繁露·身之养重于义》。

② [明] 王守仁《传习录：卷下》。

③ [春秋] 左丘明《国语·晋语》。

④ [宋] 叶适《习学记言》卷二十三。

⑤ [宋] 黎靖德《朱子语类》卷三十七。

⑥ [元] 赵采《周易程朱传义折衷》卷二十二。

第五节 扶助生命

“亲亲而仁民，仁民而爱物”[①]，儒家对生命的仁爱和善待是从己及人到推己及物的，不仅要爱护自己的生命，也要爱护亲人朋友及其他所有人的生命，不仅要爱护人类的生命，也要爱护大自然中的一切生命。“仁，人之安宅也；义，人之正路也。”[②]意思是人如有仁爱之心，就如同住在安全的宅第中一样，可以生活得心安理得，而义，则是人间万般是非善恶之中最正确、光明的道路。这也就是我们常说的“居仁行义”，居住在仁里，行走在义上。我们内心的仁爱是通过行义来体现出来的，就是对所有生命的爱护和扶助。

如何扶助生命呢？“安其身而安其心者，上也。”[③]安顿身体而且安顿心灵，这才是最好的。老子说：“天之道，损有余而补不足。”[④]减损多余的来弥补不足的，这是天意。《汉书》中说：“民以食为天。”周文王实施仁政，必定先安顿好鳏寡孤独这四种人，让他们居有其所，饿有其食。孟子言：“若民，则无恒产，因无恒心。苟无恒心，放辟邪侈无不为已。……是故明君制民之产，必使仰足以事父母，俯足以畜妻子，乐岁终身饱，凶年免于死亡，然后驱而之善。”[⑤]意思是说，一般的老百姓是做不到无恒产而有恒心的，只有解决他们的温饱问题之后，才可能引导他们向善。可见扶助生命必制民之产、先安其身。

扶助生命，外安其身，还要内安其心。《易经》曰：“易其心而后语。”帮助他人，要与他人交心，而不能存有私心，这样才能更好地交流。孔夫子说“君子坦荡荡，小人长戚戚”[⑥]，只有我们胸怀坦荡，怀有真诚的心，在帮助他人时，才能取得信任，别人才能感受到温暖、心安。“故爱人者人恒爱之，信人者人恒信之，此感应之道也。”[⑦]爱护他人的人，他人肯定爱自己；信任他人的人，他人必定信任自己，这就是相互感应的道理。赠人玫瑰，手留余香，其实我们在帮助他人时，自己也会感到非常快乐。

① [战国] 孟子《孟子·尽心章句上》。
② [战国] 孟子《孟子·离娄上》。
③ [清] 董宗羲《明儒学案·泰州学案一》。
④ [春秋]《老子》第七十七章。
⑤ [战国] 孟子《孟子·梁惠王上》。
⑥ [春秋] 孔子《论语·述而》。
⑦ [明] 王艮《王艮杂著·勉仁方》。

第六节 以道制欲

以道制欲就是朱熹所讲的："存天理，灭人欲。"[①]天理就是道，就是良知，就是仁、义、礼、智、信、忠、孝、廉、毅、和十大义理的总称。这里"人欲"不是指人的所有欲望，而是指"过欲""恶欲""贪欲"。朱熹认为："饮食者，天理也；要求美味，人欲也。"[②]这种"吃喝拉撒睡"的基本生活需求是"欲"，是正当的"自然之欲"，"饮食男女，人之大欲存焉"[③]。但过高的贪求物质生活享受，就是"人欲"，是"私己之欲"，我们要灭的就是这种过分之欲。

以道制欲，"道"和"过分之欲"显然是相互对立的，"有个天理，便有个人欲。此胜则彼退，彼胜则此退"。"循天理，则不求利而自无不利；殉人欲，则求利未得而害已随之。"[④]意思是"遵循天理，不去求取利益，自己无往而不利；放纵人欲去求取利益，利益还没有获得，危害已经随之而来了。《菜根谭》言："塞得物欲之路，才堪辟道义之门，驰得尘俗之肩，方可挑圣贤之担。"只有战胜欲望的人，才能在这物欲横流、世俗泛滥的社会中保持内心的从容与淡定，才不会被红尘所染。

如何灭人欲，明天理呢？儒家告诉我们要"克己复礼"，遵守"中庸之道"。荀子认为："使欲必不穷于物，物必不屈于欲。两者相持而长。"[⑤]追求利益、美好物质生活是人的本性，但在追求这些正当之欲时一定要做到无过无不及，欲而不贪，适可而止，不能太节俭，也不能太奢侈，俭与奢都要适中而不违背"礼"。"欲不可纵，亦不可禁者也。不可禁而强禁之，则人不从；遂不禁，任其纵，则风俗日溃。"[⑥]理性地控制自己的物质欲望，让自己成为金钱的主人，而不是金钱的奴仆。

今天，我们的物质极大繁荣，但很多人仍然感受不到幸福快乐。就是因为失道，天理不明。孔子非常欣赏颜回"箪食瓢饮、在陋巷，人不堪其忧，而回也不改其乐"的乐道精神。周敦颐评价说："见其大而忘其小焉尔。见其大则心泰，心泰则无不足。"[⑦]精神生活和物质生活都是我们需要的，但只有以道制欲，我们才能感受到幸福，才会懂得知足常乐。

---

① [宋] 黎靖德《朱子语类》卷第十二。

② [宋] 黎靖德《朱子语类》卷十三。

③ [汉] 戴圣《礼记·礼运》。

④ [宋] 朱熹《孟子集注大全》卷一。

⑤ [战国] 荀子《荀子·礼论》。

⑥ [清] 费密《弘道书》。

⑦ [宋] 周敦颐《周子抄释》卷一。

第七节　取之有道

“君子爱财，取之有道”是老祖宗留给我们的最宝贵的财富观。孔子说：“富与贵，是人之所欲也。”[①]孟子也说：“人亦孰不欲富贵?”[②]汉儒董仲舒继承先秦儒家的说法，说：“利以养其体，义以养其心，心不得义，不能乐，体不得利，不能安。”[③]朱熹也认为：“利者，人情之所欲。”[④]可见君子是从来不避讳“爱财”的。天下熙熙，皆为利来；天下攘攘，皆为利往。追求财富、趋利避害是人的本性。

君子虽然不否认“爱财”，但却有个重要的前提条件：“取之有道”，孔子说：“富而可求也，虽执鞭之士，吾亦为之。”[⑤]只要是合乎“道义”的富与贵，我们应当尽力去争取。“邦有道，贫且贱焉，耻也。”[⑥]孔子甚至认为如果国家政治清明，君子却贫困落魄，这也是一种耻辱。但“富与贵，是人之所欲也，不以其道得之，不处也”。富贵，虽然很美好，人人想要，但如果不是通过正义的手段得来的，不取。孔子还说“不义而富且贵，于我如浮云”[⑦]。苏轼也曾说：“苟非吾之所有，虽一毫而莫取。”[⑧]不是自己所有的财富，取之不义，不取。“宁在直中取，不向曲中求。”[⑨]卑屈苟求或以身发财，不仁不义，不取。以上可见君子对待财富的理性态度，不轻视财富但又不唯利是图，当取则当仁不让，不当取则分文不取。

从“君子爱财，取之有道”不难看出儒家讲求“经世济用”“以义为利”。清朝年间，商人舒遵刚说：“生财有大道，以义为利，不以利为利。”以义为利是生财大道，以利为利无疑只是小道。《易经》有云：“利者，义之和也。”清代大儒颜元指出：“义中之利，君子所贵也。”所以“儒商”也称“义商”。司马迁说，“君子富，好行其德”，君子越富有就越有行善的条件，义是利的条件，利是义的基础，真正的君子应当明道正义，谋利计功。

① [春秋] 孔子《论语·里仁》。

② [战国] 孟子《孟子·公孙丑句下》。

③ [汉] 董仲舒《春秋繁露·身之养重于义》。

④ [宋] 朱熹《四书集注》。

⑤ [春秋] 孔子《论语·述而》。

⑥ [春秋] 孔子《论语·泰伯》。

⑦ [春秋] 孔子《论语·里仁》《论语·述而》。

⑧ [宋] 苏轼《前赤壁赋》,《宋文鉴》卷五。

⑨ [明] 许仲琳《封神演义》。

第八节 以义制利

君子面对利益时，该如何取舍呢？儒家主张以义制利。当利益摆在我们面前时，首先要“见利思义”，“君子思义而不虑利，小人贪利而不顾义”[①]。君子坚决反对放任物欲，孟子曰：“上下交征利而国危矣。”[②]面对物质诱惑，人首先应想到“义”，如何取舍必须由“义”来裁断、规范和制约，绝不能取不义之财。

当义利统一时，采用以义为利、以财发身的原则。《春秋左传》言：“德义，利之本也。”《论语》也说：“君子喻于义，小人喻于利。”《礼记·大学》：“国不以利为利，以义为利也。”《墨子·经上》云：“义，利也。”义就是利，是公利、大利。君子志在道义、公利、大利，逐大利也是为了光大道义，朱熹说：“利是那义里面生出来底，凡事处制得合宜，利便随之。”[③]可见财富对君子而言，不过是践行道义的副产品而已。《大学》云：“仁者以财发身，不仁者以身发财。”有仁德的人用财富来发展、成就自身。没有仁德的人拼命赚钱，想发财，结果把自己身心殉给了财，成了金钱的奴隶。“无欲速，无见小利。欲速则不达，见小利则大事不成。”[④]《论语》里告诉我们，不该为蝇头小利斤斤计较而影响道义事业。“有德此有人，有人此有土，有土此有财，有财此有用。德者本也，财者末也。”[⑤]有德行的人，社会自然会对他们的功劳予以肯定和回报。

当义利冲突时，采用以义制利，甚至舍利取义的原则。孔子说：“不义而富且贵，于我如浮云。”[⑥]意思是用不道义的手段获得的荣华富贵，对我来说只是天际的一片浮云，毫无意义。孟子说：“鱼，我所欲也；熊掌，亦我所欲也。二者不可得兼，舍鱼而取熊掌者也。”[⑦]当义与生命发生冲突时，甚至愿意舍弃生命而坚持正义。可见在君子面前“义比利先”，义无疑比利更具有道德优先性。财富固然可爱，但君子必做到“达不离道，穷不失义”。

---

①［汉］刘安《淮南子》。

②［战国］孟子《孟子·梁惠王上》。

③［宋］黎靖德《朱子语类》卷六十八。

④［春秋］孔子《论语·子路》。

⑤［汉］戴圣《礼记·大学》。

⑥［春秋］孔子《论语·述而》。

⑦［战国］孟子《孟子·告子上》。

第九节 奉公利群

奉公利群，就是奉公行事，利益群众。也就是儒家所说的公利主义，张载说：“义，公天下之利。”[①]公利就是谋取天下人共同的利益。汉代贾谊说：“国尔忘家，公尔忘私，利不苟就，害不苟去，惟义所在。”[②]公利就是个人利益必须服从群体利益，服从家族、国有和民族利益。程颐说：“义与利，只是个公与私也。”义就是公利，利就是私利，公利才符合正义正道，荀子曾举例说：“汤武非取天下也，修其道，行其义，兴天下之同利，除天下之同害，而天下归之也。”[③]意思是商汤、周武王并不是为一己之私夺取天下，而是为了正道，推行正义，为了天下人共同的利益，除去天下共同的弊害。

奉公利群，首先要做到仁爱，这是公利主义的思想基础，仁者爱人，就是要维护他人的利益，并且“民胞物与”“泛爱众”，“四海之内皆兄弟也”，爱天下一切可爱之人和物，这就是注重公共利益。《论语·学而》曰：“节用而爱人，使民以时。”这就是公利的表现。其次要做到大公无私，清朝黄宗羲说：“不以一己之利为利，而使天下受其利。”[④]《格言联璧》云：“利在一身勿谋也，利在天下者谋之。利在一时勿谋也，利在万世者谋之。”[⑤]不贪图个人一己之私，也不贪图一时的私利，要谋取天下人的公利，要谋取千秋万世的功业。当然公利也不是某一个团伙或阶层的利益，孔子就反对为了利益勾结在一起的小人，他说：“君子周而不比，小人比而不周。”君子办事与人团结在一起，是出于公心，而不为私，不会为了私利与人狼狈为奸。黄宗羲还曾说：“故我之出仕也，为天下，非为君也；为万民，而非为一姓也。”[⑥]可见，奉公利群是真正的谋取社会公利，是真正千秋大义。

---

①［宋］张载《张子全书》卷三。

②［汉］贾谊《新书·阶级》。

③［战国］荀子《荀子·正论》。

④［清］黄宗羲《明夷待访录·原君》。

⑤［清］金缨《格言联璧·从政》。

⑥［清］黄宗羲《明夷待访录·原臣》。

第十节 正己正人

儒家在《大学》里详细论述了正己正人的修身观，给出了“修身齐家治国平天下”的方法路径。《论语》当中说“古之学者为己，今之学者为人”。“为己”就是“正己”的功夫，修养自己，提高自己，自然隐含着利他、正人的目的。克己是为了复礼，亦即《大学》云“明明德、亲民、止于至善”。

如何正己正人?《论语·宪问》里设计了“修己以敬”“修己以安人”“修己以安百姓”三个步骤。“修己”即“正己”，亦即“明明德”。“安人、安百姓”即“正人”，亦即“亲民”。要实现“止于至善”，首先在于明自德，《文韬·文师》言：“免人之死，解人之难，救人之患，济人之急者，德也。德之所在，天下归之。”修养德行到“生而不有，为而不恃，功成而弗居”的高度，《诗经》云：“高山仰止，景行行止。”人们都以你为荣，愿意向你看齐，以你为榜样，自然就可以“正人”了。“其身正，不令而行；其身不正，虽令不从。”[①]要想正人必须要敢下克己的功夫，子曰：“躬自厚而薄责于人，则远怨矣。”[②]多责备自己而少责备别人，那就可以避免别人的怨恨了。王阳明也说：“为己故必克己，克己则无己。”[③]修养自己必须克制自己，克制自己就必须做到无我。做到这样的功夫，则可正人安人了，选出这样的人带领大家，人们也都会心服口服。正如《论语》所说的：“举直错诸枉，则民服；举枉错诸直，则民不服。”

儒家的正己正人，最终理想就是“安百姓”“治国、天下平”，这往往是通过“事君”来实现的，孟子曰：“君子之事君也，务引其君以当道，志于仁而已。”[④]儒家一贯注重执政者率先垂范，此即所谓“上行下效”。《论语·颜渊》记载了鲁国权臣季康子向孔子请教如何为政，孔子回答：“政者，正也。子帅以正，孰敢不正?”《孟子·离娄上》言：“君仁莫不仁，君义莫不义，君正莫不正。一正君而国定矣。”意思是君王仁爱则人民仁爱，君王讲正义则人民无不讲正义，君王端正了则人们无不端正，一旦君王端正了，国家就安定了。因此，“事君”要敢于“格君心之非”。正如《孝经》所云：“君子之事上也，进思尽忠，退思补过，将顺其美，匡救其恶，故上下能相亲也。”君子往往通过“格君心之非”“匡救其恶”“以顺其美”，从而尽到对国家、社会、民族的责任，以实现正人安百姓的大义。

---

① [春秋] 孔子《论语·子路》。

② [春秋] 孔子《论语·卫灵公第十五》。

③ [明] 王阳明《王文成全书》卷八。

④ [战国] 孟子《孟子·告子下》。

第十一节 弃恶从善

弃恶从善是儒家崇尚正义精神的一种体现，佛家也讲“诸恶莫作，众善奉行”。善恶问题是每个人都不能回避的基本问题。

我们传统文化中自古就有善恶报应思想，《尚书》云：“天道福善祸淫。”《荀子·宥坐》也说：“为善者天报之以福，为不善者天报之以祸。”我们相信天道是赏善罚恶的，“皇天无亲，惟德是辅”[①]。天地神明似乎无所偏爱，令人敬畏，但天地神明绝不昏暗，它只辅助有德之人。《左传》云：“祸福无门，唯人所召。”福祸是个人的言行所招致的。如何理解上面的几句话呢？打个比方说，上天是一面巨大的反光镜，它本身无善无恶，所以才说“皇天无亲”，但是人的善恶在这面镜子前却可以被映照得清清楚楚、明明白白。并且上天这面镜子是反光放大镜，你的善恶都会被数倍、数百倍放大返还给你自身，如果出现延迟，就会返还给你的后代子女。所以《左传》说：“多行不义必自毙。”《易经》说：“积善之家，必有余庆；积不善之家，必有余殃。”明白了“福由己发，祸由己生”[②]的道理，就少了怨天尤人的抱怨，多了因果报应的自警，为人处事就懂得顺天意而为。“顺天意者，兼相爱，交相利，必得赏；反天意者，别相恶，别相贼，必得罚。”[③]也就认识到修己安人的重要，“每日三省吾身”，子曰：“德不孤，必有邻。”也有了“劝善戒恶、弘扬正气”的自觉和勇气，既敢“格君心之非”，又会“禁民为非”，“一毫之善，与人方便。一毫之恶，劝君莫作”[④]。

《扬子法言》说：“修其善则为善人，修其恶则为恶人。”弃恶从善最终还是离不开人的主体精神和道德自觉，朱子说：“只是这一个心，知觉从耳目之欲上去，便是人心；知觉从义理上去，便是道心。”[⑤]王阳明也说：“知善知恶是良知，为善去恶是格物。”[⑥]致良知，知行合一，积极传播正义、正能量，树立向善的信念，自觉践行“为善去恶”，必能使自身生命的延绵及整个社会的发展更加美好。

① [春秋] 孔子《尚书·蔡仲之命》。

② [汉] 刘安《淮南子·谬称训》。

③ [宋] 李昉《太平御览》卷七十七。

④ [唐] 吕岩《劝世》。

⑤ [宋] 黎靖德《朱子语类》卷七十八。

⑥ [明] 王守仁《传习录》。

第十二节　以民为本

实现王道仁政是儒家政治思想的核心和目标，在如何处理君民关系上，《尚书》曰："民惟邦本，本固邦宁。"这就是大家所熟知的"民本思想"，即"以民为本"。主要包括三个方面：贵民、养民、教民。

第一，在政治上主张"贵民"。孟子曰："民为贵，社稷次之，君为轻。"[①]首先，君受命于天，"民之所欲，天必从之"[②]。用今天的话讲就是，老百姓是天，老百姓是地。因此，君是人民的代表，君要尊重人民，为民做主。谭嗣同说："生民之初，本无所谓君臣，则皆民也。民不能相治，亦不暇治，于是共举一民为君。"[③]意思是，在人类的初始阶段，本来没有什么君和臣，都是人民。人民不能够相互治理，也没有治理的时间和精力，于是共同推举一个百姓来当君主。人民能推举君主，也可以推翻君主，"水则载舟，水则覆舟"。其次，君要尊重和听取民众的声音。《易·革·彖辞》曰："汤、武革命，顺乎天而应乎人。"商汤、周武王的革命，都是顺从天意，顺应人民的声音。为了尊重和听取民意，尧设立了诽谤之木，就是今天我们所讲的华表。最后，君要体恤民情，安抚民心。张居正说："治理之道，莫要于安民。安民之道，在于察其疾苦。"[④]黄宗羲也说："盖天下之治乱，不在一姓之兴亡，而在万民之忧乐。"[⑤]

第二，在经济上主张"养民"。《尚书·大禹谟》曰："德惟善政，政在养民。"最好的德政在于养护人民。首先，要"制民之产"，范仲淹说："养民之政，必先务农。"[⑥]要让百姓有固定的田产，有稳定的收入，有安定的生活，民有"恒产"，方有"恒心"。其次，要"使民以时"，要减少对民众的财富和劳力的征用，孟子说"不违农时"，荀子说"无夺农时"，都是说要根据时令、季节合理安排劳力，在不误农时、不伤民的情况下派遣劳役。最后，要"节用薄赋"，《前汉纪》言："薄赋敛，省徭役，以宽民。"国家富足的根本在于君主节制用度，减少民众负担，人民富裕了，国家也会财用充足。孔子说"节用而爱人"，荀子说"节用裕民"，所表达的都是这个意思。

第三，在文化上主张“教民”。《论语·为政》曰：“道之以德，齐之以礼。”董仲舒认为“教，政之本也”[7]。孔子到卫国曾经和弟子讨论过“庶富教”的问题，子曰：“庶矣哉!”冉有曰：“既庶矣，又何加焉?”曰：“富之。”曰：“既富矣，又何加焉?”曰：“教之。”孔子主张“先富后教”，王安石也说“为政于天下者，在乎富之善之”，“民既富而可以教”。因此，养民之后必须教民。人民富裕了，还要治礼义、知荣辱。

---

①［战国］孟子《孟子·尽心下》。

②［春秋］孔子《尚书·泰誓》。

③谭嗣同《仁学》卷三十一。

④［明］张居正《答福建巡抚耿楚侗》。

⑤［清］黄宗羲《明夷待访录·原臣》。

⑥［宋］范仲淹《范文正奏议·答手诏条陈十事》。

⑦［汉］董仲舒《春秋繁露》。

卷三　礼

“礼”是道德行为规范与文明行为规范。孔子讲“不学礼，无以立”，要求“约之以礼”，“齐之以礼”；荀子也讲“礼者，所以正身也”，“礼以成文”。我们可以将传统的“礼”区分为中华人文礼教与封建礼教。中华人文礼教是中华民族的道德行为规范与文明行为规范，体现出仁爱、和平、秩序、优美等人性原则，是需要发扬的；而封建礼教则存在于封建时代，体现君为臣纲、父为子纲、夫为妻纲，特权、尊卑、奴性等封建特色的行为规范，是应当改变的。传统节日中的各种礼仪活动和中华民俗中的各种礼仪（如婚礼、丧礼、祭礼、成人礼等）都是中华民族优秀传统文化的重要组成部分。“礼”的内在精神是“仁”，“礼”又是良好内在品质的外在表现形式。对“礼”的倡导，养成了中华民族谦逊好礼、遵纪守法、高雅文明的民族品格，使中国获得了“礼仪之邦”的美誉。

第一节 仁义为质

礼的本质是仁义，没有了仁义，礼就丧失了道德意义。我们常讲居仁行义，居仁行义的表现形式就是礼。“人而不仁，如礼何？人而不仁，如乐何？”[①]一个没有仁德的人，他怎么能践行礼乐呢？“君子义以为质，礼以行之，孙以出之，信以成之。”[②]以义作为根本，用礼加以推行，用谦逊的语言来表达，用忠诚的态度来完成，这就是君子。因此可以说仁是基础，义是标准，礼是形式。仁是人内在的道德情感，义是道德情感实施的标准方向，礼是外在的道德规范形式。“仁义”为体，“礼”为功用。“仁者，人也，亲亲为大。义者，宜也，尊贤为大。亲亲之杀，尊贤之等，礼所生也。”[③]“礼”的主要作用是约束人的言行并规整社会的等级次序，由此达到尊卑有别、各行其是的社会和谐状态。

“仁义”的实践是通过“礼”来完成的。“礼”就是将内在的道德观念（仁）和标准方向（义）运用于社会实践，形成约定俗成的行为规范（礼）。这样，内在的“仁”和行则的“义”与外在的“礼”通过实践统一在一起。因此，《礼记·曲礼上》说：“道德仁义，非礼不成，教训正俗，非礼不备。”《论语》里也说：“恭而无礼则劳。”只知道恭敬而没有礼法的约束，则会徒劳无益。礼与仁义相互关联，密不可分。所以“克己复礼为仁，一日克己复礼，天下归仁焉”[④]。

从以上分析看出，仁义礼是相辅相成的，不可分割的。礼含仁体，礼以义质，仁义是藏于礼之中的道德基础和价值内核。孔子说：“质胜文则野，文胜质则史。文质彬彬，然后君子。”[⑤]《论语》中“直而无礼则绞”，只知道正直而没有礼法的约束，则会刻薄伤人，好心也会办坏事。孔子抨击始作俑者，其无后乎，这种无仁义的礼又变成一种罪恶制度。可见行仁而无礼，那就“过”，行礼而无仁，那就“不及”。仁义为质，礼为文，只有实现“质”与“文”均衡交融，才合乎中庸之道，才能达到“从心所欲不逾矩”的境界。

---

①［春秋］孔子《论语·八佾》。

②［春秋］孔子《论语·卫灵公》。

③［汉］戴圣《礼记·中庸》。

④［春秋］孔子《论语·颜渊》。

⑤［春秋］孔子《论语·雍也》。

第二节　诚敬中和

子曰："不学礼，无以立。"就是说，不学礼，就无法在社会中立身。礼是一个人乃至一个国家、一个民族文化和道德修养的外在表现形式，是做人的基本要求。我们在礼仪活动中，一般要遵循诚、敬、中、和四个基本原则。

"诚"就是真实，不虚伪，表里如一。孔子主张外在的礼要出自内心的真诚。《礼记·乐记》中说："著诚去伪，礼之经也。"彰明真诚、去掉虚伪，是礼的永恒原则。《大学》云："诚其意者，毋自欺也。"诚于中而形于外，礼就要做到不欺人，更不自欺，没有真诚，礼就会流于虚伪。孔子批评这种人"巧言令色，鲜仁矣"[①]。花言巧语，曲心事人，非直者、诚者所为，故孔子说："左丘明耻之，丘也耻之。"郭店楚简《性自命出》云："凡人伪为可恶也……莫与之结矣。"虚伪的人是可恶的，没有人愿意和他交往，最终会被诚实的人们所抛弃。晋国大夫女叔齐批评鲁昭公知仪不知礼，鲁昭公虽然熟练各种礼仪，可是缺少内心的真诚和仁德。礼仪不是空洞的外在形式，而是内在真实的心境，向别人说感谢时，内心一定要有感恩之情；在向别人敬礼时，要对对方充满敬意；在婚礼进行时，要有神圣庄严的感觉；在丧礼进行的过程中，"祭如在，祭神如神在"，要有悲戚的感情和敬畏生命的情怀。当然，真诚的心意如果没有礼这个外在的表现，也无法让人看到你内心的真诚。因此张载建议："诚意与行礼无有先后，须兼修之。"

"敬"是对万事万物心存"敬畏"，"敬"是礼的内在精神。《礼记·曲礼》开篇就说"毋不敬"，古代所有的礼都是试图培养人内心的敬意，"君子不可以不学，见人不可以不饰。不饰无貌，无貌不敬，不敬无礼，无礼不立"[②]。服饰要整洁，容貌要端庄，步履要缓慢，言语要谦恭，揖让周旋，处处有节。一些重大的仪式甚至要求人们提前很多天就要沐浴、斋戒，让心绪进入行礼的状态。"夫祭者，非物自外至者也，自中出生于心也。心怵而奉之以礼。”[3]孔子说：“为礼不敬，临丧不哀，吾何以观之哉?”[4]在礼仪的场合，如果没有庄敬存在，就不值得一看了。子夏也说：“敬而无失。”因此，可以说没有敬就没有礼。对这一点，《孝经》一言以蔽之：“礼者，敬而已矣。”

“中”是指道德行为和文明行为规范的适中适度，无过无不及。礼仪行为要因时、因地、因人进行权变。宋朝郭雍说：“礼者，中也，过则为伪，不可谓之礼。”[5]意思是，礼就是恰到好处，过头了就成了虚伪，不再是礼了。孔鲤为母服丧一年多还在哭泣，被孔子斥责过分了。林放问礼之本，子曰：“大哉问！礼，与其奢也，宁俭；丧，与其易也，宁戚。”[6]礼既不能过于简单草率，又不能过于烦琐，铺张浪费。“奢自文生，文过则为奢，不足则为俭。”[7]奢侈都是从修饰而产生的，修饰得过分就是奢侈，修饰得不足就是节俭。

“和”是遵循礼的要求，人与天地万物和谐相处。《论语》中说：“礼之用，和为贵。先王之道，斯为美。小大由之，有所不行。知和而和，不以礼节之，亦不可行也。”意思是说，礼的应用，以遇事做到和谐为贵。古代贤王治理国家的方法，可贵之处就在于此。小事大事，都依着这个原则。如果有的地方行不通，只知道为和谐而和谐，不用礼来调节和约束，那也是不可以的。在儒家思想中，礼与和是紧密联系，相辅相成，缺一不可的。《礼记·曲礼》中曰：“入竟而问禁，入国而问俗，入门而问讳。”到一个地方，就要问问那里的禁忌；到一个国家，就要问问那里的风俗；到陌生人家里，就要问问人家的忌讳。入乡随俗，就是对人的尊敬，目的在于和谐相处。

---

①［春秋］孔子《论语·学而》。

②［汉］戴圣《大戴礼记·劝学》。

③［汉］戴圣《礼记·祭统》。

④［春秋］《论语·八佾》。

⑤［宋］郭雍《郭代传家家说》卷四《艮卦》。

⑥［春秋］孔子《论语·八佾》。

⑦［宋］朱喜《二程外书》卷六。

第三节 克己复礼

克己复礼，指的是克制自己的欲望、恶念，约束自己的不良行为，使每件事都归于“礼”，符合道德和文明行为规范。《论语·颜渊》记载：“颜渊问仁。子曰：‘克己复礼为仁。一日克己复礼，天下归仁焉！为仁由己，而由人乎哉?’”孔子这段话给我们以下几个方面的启示。

首先是克己，朱熹认为：“克，胜也。己，谓身之私欲也。”[①]“克己”意思是要战胜自己，包括生理上、情感上和物质上的贪欲。子曰，“君子有三戒：少之时，血气未定，戒之在色；及其壮也，血气方刚，戒之在斗；及其老也，血气既衰，戒之在得”。[②]孔子认为年少的时候，血气尚未稳定，要戒除女色；到了壮年，血气旺盛刚烈，要戒除争斗；到了老年，血气已经衰弱，要戒除贪得无厌。克己说到底关键在于克制念头。《尚书》曰：“惟圣罔念作狂，惟狂克念作圣。”意思是，圣人和狂人其实只是一念之间而已。因此，“克己”首先克制我们的邪念，立我们的正念。

其次是复礼。“复礼”的意思是要求我们的行为要回复到礼上，按照社会规则体系和道德原则行事。“礼者，所以正身也。”[③]礼是用来端正自身的。外在行为规范上的礼会带有一种道德伦理原则，从而内化为人的内在德性。所以说：“一日克己复礼，天下归仁焉!”

孔子认为“克己”与“复礼”是通往“仁”的两条必经之路。一方面，不断修身，自觉地以仁的标准要求自己，“博学于文，约之以礼”[④]；另一方面，加强人的道德自律，以仁义为价值标准规范自己的行为。颜回问老师践行仁道的纲目有哪些？孔子告诉他：“非礼勿视，非礼勿听，非礼勿言，非礼勿动。”[⑤]做到“四非”则会“归仁”，换言之要达“仁”则须依礼行事。可见“克己复礼为仁”，就是告诉我们要不断修身并学习与实践礼就是为仁。“为仁由己，而由人乎哉?”做“仁”的事情是靠自己的，哪里是靠别人？“仁远乎哉？我欲仁，斯仁至矣。”仁与人的距离并不远，且就在人的生命之中，如果致力于拥有它，它就可以呈现在自己身上。

---

①［宋］朱熹《四书章句集注》。

②［春秋］孔子《论语·季氏》。

③［战国］荀子《荀子·修身》。

④［春秋］孔子《论语·雍也》。

⑤［春秋］孔子《论语·颜渊》。

第四节 冶情养德

郭店竹简《性自命出》认为：“性自命出，命自天降，道始于情，情生于性。”人之本性源于天命，情来自心性本体，心性通过情而体现。可见情就是人的最基本存在方式。由情自然会发出礼仪动作，礼是性情的外化。离了情，所谓心性、本体亦无所着落，因此儒家尚情重礼。

礼生于情。《礼记》曰：“礼义之经也，非从天降也，非从地出也，人情而已矣。”意思是，礼与义的基本原则，不是从天而降的，也不是从地下冒出来的，只是人的真实情感的表达而已。对于弟子关于礼之本的疑惑，孔子解释说：“礼，与其奢也，宁俭；丧，与其易也，宁戚。”[①]形式上的奢华，仪式上的周全不是最重要的，内心真实哀戚情感的表达和抒发才是最重要的。因此，孔子曾感叹“礼云礼云，玉帛云乎哉”，可见礼是人之本性的真实流露，是情感外化的道德规范形式。

以礼治情。《礼记》认为：“夫礼，先王以承天之道，以治人之情。”礼具有调节、控制人情之作用。《毛诗大序》也说“发乎情，止乎礼义”。孔子曾斥责孔鲤为母服丧一年多还在哭泣过分了。荀子认为“三年之丧”之礼是为节制人心之过度的哀伤、悲痛之情，使合情合理的抒发不至于失控。“故圣王修义之柄、礼之序，以治人情……礼乐之说，管乎人情矣。”[②]圣人制礼的目的和意义在于疏导人情。当情偏离本心、本性，就需要礼的制约、节制。孔子曰：“礼者，因人之情而为之节文。”他认为礼不仅是对人情的节制，更是对人情的文饰，以此表现内在心性的情感。故荀子说：“凡礼，事生，饰欢也；送死，饰哀也；祭祀，饰敬也；师旅，饰威也。”[③]礼不仅是事生、送死等礼仪规则和范式，更是欢、哀、敬、威等内在心性情感的充分彰显，甚至是对其情之合理的宣泄和养护。

情礼融合。《荀子》中载：“文理繁，情用省，是礼之隆也。文理省，情用繁，是礼之杀也。文理情用相为内外表里，并行而杂，是礼之中流也。”意思是，礼仪程序烦琐而缺乏真情，这是讲礼过度；礼仪程序简单而真情浓厚，这是礼节不足；礼仪程序与内心真情互为表里，并行不悖，这是礼的中正之道。这和孔子所言“质胜文则野，文胜质则史”是一致的。《礼记》里也说：“敬而不中礼，谓之野；恭而不中礼，谓之给；勇而不中礼，谓之逆。”因此，礼源于情，情发为礼，以礼治情，情安于礼，情礼合一。荀子说：“情安礼，知若师，则是圣人也。”④性情与礼义浑然一体，无过无不及，这就是圣人了。

习礼养德。郭店竹简《性自命出》云：“凡人虽有性，心无定志，待物而后作，待悦而后行，待习而后定。”意思是，人虽然都有本性，但心却没有确定的意识，遇到事物之后便会有所感触，感到喜悦才会行动，多次练习才会形成确定的心理定式。孔子曾说：“不学礼，无以立。”并说自己“三十而立”。就是立在礼之规矩之下，使自己情感受到礼之节文，进而懂得做人的根本道理。这就是习而有定，习礼养德的过程。此时礼还在自己生命情感之外观照自己。直至“著乎心，布乎四体”时，礼已不再是作为自己情感之外的他者，于此之时，礼即是我，我即是礼，情礼不二，自己的言行举止皆秉着其生命情感本然而行，故孔子说“随心所欲而不逾矩”，达到一种快乐圆融之境。故二程、朱子认为“礼即理也”，张载也说“礼即天地之德也”。因此，人生习礼的过程，就是自己生命的升华与超越的过程。

---

①［春秋］孔子《论语·八佾》。

②［汉］戴圣《礼记·礼运》。

③［战国］荀子《荀子·礼论》。

④［战国］荀子《荀子·修身》。

第五节 敬亲尊贤

《中庸》曰："仁者，人也，亲亲为大。义者，宜也，尊贤为大。亲亲之杀，尊贤之等，礼所生也。"敬亲为仁，尊贤为义，为规范敬亲、尊贤的秩序而产生了礼。《礼记》认为天地、祖先、君师是礼的三个根本。孟子曰："亲亲而仁民，仁民而爱物。"儒家的仁爱通过推己及人的方法，从对自己亲人、祖先的爱敬推及至对君师、贤能及所有人的爱敬。这仁爱不是无差等的博爱或兼爱，所以礼就起到在敬亲尊贤时"定亲疏、决嫌疑、别同异、明是非"[①]的作用，可以说没有敬亲尊贤就没有礼。

"敬亲"是以亲爱之心善待所有亲人。在家做到父慈子孝，兄友弟恭，夫义妇顺。亲爱所有具有家族血亲关系的族人。家族和睦安定关系到国家治乱，社会和谐，家齐才能国治。《尚书》云："立爱惟亲，立敬惟长，始于家邦，终于四海。"说的是，行爱于亲人，行敬于长上，从家和国开始，最终推广到天下。"

"尊贤"是以敬爱之心对待贤能之人。孟子曰："莫如贵德而尊士，贤者在位，能者在职。"[②]让贤明的人居于高位，让能干的人担当要职。诸葛亮在《前出师表》里写道："亲贤臣，远小人，此先汉所以兴隆也；亲小人，远贤臣，此后汉所以倾颓也。"只有尊贤任贤，国家才能兴隆。

敬亲尊贤也包括对祖先和中华民族古圣先贤的尊崇和继承，"不孝有三、无后为大"，把祖先、古圣先贤创立和传承的道继承和发扬下去，不让文化在我们手上断了，这才是后人对祖先、古圣先贤最大的孝道。

---

① ［汉］戴圣《礼记·曲礼》。

② ［战国］孟子《孟子·公孙丑上》。

第六节 礼尚往来

礼尚往来，是礼貌待人的一条重要准则。就是说，接受别人的好意，必须报以同样的礼敬。这样人际交往才能平等友好地在一种良性循环中持续下去。因此，《礼记》说："礼尚往来，往而不来，非礼也，来而不往，亦非礼也。"

首先，"礼尚往来"是君子仁民爱物的表现。船山言："君子秉仁义以接物。"[①]君子以仁义之道待人接物，其目的还是安人。君子礼尚往来就是寻找机会兼济天下。"君子敬而无失，与人恭而有礼，四海之内，皆兄弟也。"[②]君子复礼为仁，利益苍生。因此《道德经》说："善者吾善之，不善者吾亦善之。德善。"不管是什么样的人，君子都以善良之道对待他，希望人人同善同德。

其次，"礼尚往来"体现交往中的平等精神，施与和回报是一种对等和平衡，其目的是在交往过程中，营造和谐人际关系，让社会充满人情之乐，进而"不独亲其亲，不独子其子"。因此，"太上贵德，其次务施报"[③]。施与和回报必须贵德，对他人的"施惠"之情必须珍重，不可轻慢对待。另一方面，无论交往双方地位身份多么悬殊，"礼尚往来"保证了地位较低者必须得到同样的尊重。孟子说："君之视臣如手足，则臣视君如腹心；君之视臣如犬马，则臣视君如国人；君之视臣如土芥，则臣视君如寇仇。"[④]

最后，"礼尚往来"其本意就是一种"平等"的交往礼貌行为。不是今天一般所说的礼物上的往来，或是变味的送礼行贿。君子交往也会送些别致的礼物，送礼的本意在于表达敬意，所谓礼轻情意重，礼物并非越多越好。正如《庄子·山木》篇所说："君子之交淡若水，小人之交甘若醴。"

---

① ［明］王夫之《船山全书》。

② ［春秋］孔子《论语·颜渊》。

③ ［汉］戴圣《礼记·曲礼上》。

④ ［战国］孟子《孟子·离娄下》。

第七节 礼乐教化

礼乐教化作为独具特色的中华文化教育传统，几千年来一直指导着我们的日常社会生活。重视礼乐教化和人文化成是中国文化的特质。《荀子》言："论礼乐，正身行，广教化，美风俗。"《论语·宪问》中也有"文之以礼乐，亦可以成人矣"。"礼乐"对人的身心涵养以及社会和谐皆具有重要的教化作用。

"乐所以修内也，礼所以修外也。礼乐交错于中，发形于外，是故其成也怿，恭敬而温文。"[①]礼乐的教化是潜移默化的，礼乐相应，规范人外在的行为，涵养人内在的心性，使人温文尔雅。"移风易俗，莫善于乐。安上治民，莫善于礼。"[②]礼乐有很好的伦理教化的作用。古人制礼作乐秉持一个理念，那就是孔子所提出的"思无邪"，就是不要引起人们邪曲不正的思想和行为。因此，孔子主张"德乐"反对"邪音"，宋朝严粲撰在《诗缉》说："德音，有德之声音也，言语、教令、声名，皆可称德音。"德乐中正平和，典雅端庄，能使人心气平和，安分守礼。淫邪的音乐则扰乱民性，使人失德。《荀子·乐论》说："凡奸声感人而逆气应之，逆气成象而乱生焉；正声感人而顺气应之，顺气成象而治生焉。唱和有应，善恶相象，故君子慎其所去就也。"说的是君子一定要慎重地选择音乐。

礼乐教化的重要意义在于化民成俗，从而达到安民乐民，建立公序良俗的功效。比如说关于尊敬长辈、赡养老人，《礼记》认为要让人们先知道尊敬长者、赡养老人的礼，然后人们才能做到在家孝敬父母，敬爱兄长，在外尊敬长辈，帮助老人，形成道德教化。有了这样的风俗，国家就可以安居乐业了。"故乐行而志清，礼修而行成；耳目聪明，血气和平；移风易俗，天下皆宁，美善相乐。"[③]说的是礼仪使人行为端正，音乐使人志趣清明，民众耳聪目明，气性和悦平顺，社会风俗随之转变，从而达到"天下皆宁，美善相乐"的美好境界。比如，古代很多的妇女没有上过学，没读过四书五经，但是懂得忠孝节义，懂得孝敬公婆，言行举止都很规范。就是因为古代的戏剧讲的都是“孝悌忠信、礼义廉耻”的内容，导人向善，化民成俗。

---

①［汉］戴圣《礼记·文王世子》。

②［春秋］孔子《孝经·广要道》。

③［战国］荀子《荀子·乐论》。

第八节 礼法共治

古代最初礼法并称，各种刑法政令也是礼的重要组成部分。但刑与法仅仅为礼的从属，必须以礼为本。西周后期“法家”兴起，汉代以后礼法共治成为统治者的共同选择。“礼法共治”思想经过几千年的实践，无疑是中国古代社会治国理政智慧的结晶，是中华制度文明的精髓。

“礼”包括礼节礼义、礼制礼教等；“法”主要是指法制法规、刑法赏罚等。礼与法的作用不同，司马迁说：“夫礼禁未然之前，法施已然之后。”[①]《礼记·坊记》中：“礼者，因人之情而为之节文。”礼是根据人的性情而制作的限制和文饰。礼的作用是用道德的力量感化人，用仁义思想教化人，使人们行善离恶，以防患于未然。也就是在人们没有犯罪的时候，用礼的手段把它消灭在萌芽状态。但是礼作为行为规范，靠的是人的自觉遵守，对人只是一种软约束，不具备制裁的功能。如果有人不遵守礼，礼治对他是无能为力的。《管子·明法解》中：“法者，天下之程式也，万事之仪表也。”法律，是天下人与事必须共同遵循的程式法则。曾国藩说：“立法不难，行法为难。凡立一法，总须实实行之，且常常行之。”当教育感化没有效用的时候，就需要实行必要的法治手段，就是说当罪恶已经发生，就要以刑罚治之。孟子有言：“徒善不足以为政，徒法不能以自行。”[②]因此礼法不可偏废，过于强调礼治，一味追求社会稳定，国家难以发展；而过分依赖刑名，实行严刑峻法，这样的朝代往往短命。只有礼法共治，才能保持社会的长期稳定。

虽然是礼法共治，但儒家认为礼治是优于法治的。子曰：“道之以政，齐之以刑，民免而无耻；道之以德，齐之以礼，有耻且格。”[③]意谓治理国家仅靠政令、刑法是不够的，还必须以德以礼，政与刑只是作为一种保证礼治的维护和推行的辅助手段而存在的。法只有惩恶之用，礼才有教化之功，因而刑罚只能造就小人，礼教则能造就君子。礼的教化是对人心理上的改造，是在人性上下功夫。礼往往从身边细小的事情做起，日熏月染，逐步移风易俗。因此要靠人们自觉自勉而又难以纳入法律的行为规范，都可以而且也只能约之以“礼”。

① [汉] 司马迁《史记·太史公自序》。

② [战国] 孟子《孟子·离娄下》。

③ [春秋] 孔子《论语·为政》。

第九节 赏罚分明

赏罚分明是指赏与罚清楚明白，形容处理事情严格而公正。汉代王符在《潜夫论》中赞叹：“赏罚严明，治之材也。”奖赏和惩罚做到严格、公开，这样的人是治理国家的人才。

对领导者而言，赏罚是管理团体和下属的一种手段与方法；对于团体而言，通过赏罚手段建立一种奖惩的管理机制是团队和谐发展的根本。《韩非子》认为：“凡治天下，必因人情。人情者，有好恶，故赏罚可用；赏罚可用，则禁令可立而治道具矣。”①因为人的本性是好利恶害、趋乐避苦的，所以可通过赏罚的手段来实现治理国家的目标。“赏罚者，邦之利器也。”②晋代陈寿在《三国志》中也说：“赏善罚恶，恩威并行。”所以赏罚无疑是治理国家、管理团队的重要手段。

赏罚的目的在于激励善行，惩治邪恶，劝勉管理的对象遵纪守法，恪尽职守。所以赏罚首先要有统一的标准，不能随心所欲，不能因人、因时、因地而异，要有统一规范的奖惩制度，也就是要以礼法为权衡的标准。魏徵在《贞观政要》中说：“权衡所以定轻重，准绳所以正曲直。”韩非子认为“法莫如一而固，使民知之”。其次，赏罚要公正严明，在“法”的面前，人人平等。“天公平而无私，故美恶莫不覆；地公平而无私，故小大莫不载。”③只有管理者做到赏罚公正严明，才能树立法律的权威。

当然赏罚要有度，不可乱用，才能起到应有的作用。《韩非子》说，“用赏过者失民，用刑过者民不畏。有赏不足以劝，有利不足以禁，则国虽大，必危”。赏罚不当就会失去民众，滥用刑罚百姓便不再畏惧，那么国家即使很强大，也一定很危险。赏为扬善，罚为禁邪，赏罚的最终目是教化管理的对象。诸葛亮认为：“赏罚之政，谓赏善罚恶也。赏以兴功，罚以禁奸，赏不可不平，罚不可不均。赏赐知其所施，则勇士知其所死；刑罚知其所加，则邪恶知其所畏。故赏不可虚施，罚不可妄加，赏虚施则劳臣怨，罚妄加则直士恨。”④意思是，必须让受赏者明白为何受赏，让受罚者知道为何受罚。知道对错在哪里，受奖的人就会坚持其正确的行为，并让别人学习效仿，做坏事受罚的人就知道有所畏惧了。因此，惩罚不能随便地乱用，必须让人心悦诚服，才不会产生消极情绪。

---

①［战国］韩非子《韩非子·八经》。

②［战国］韩非子《韩非子·喻老》。

③［春秋］管仲《管子·形势解》。

④［三国］诸葛亮《诸葛亮集·便宜十六策》。

第十节 仪态庄雅

仪态庄雅，是指人的姿势、举止动作、神态表情端庄典雅。

首先，仪态是一个人德行外化的形式之一，德辉动于内，礼行诸于外。《论语·季氏》言，“君子有九思：视思明，听思聪，色思温，貌思恭，言思忠，事思敬，疑思问，忿思难，见得思义”。这无疑是一个人道德修养高低的表现。朱用纯在《治家格言》中曾批评没有德行的人：“见富贵而生谄容者，最可耻；遇贫穷而作骄态者，贱莫甚。”仪态也是一个人背后的家教体现，朱用纯的《治家格言》还说：“黎明即起，洒扫庭除，要内外整洁；既昏便息，关锁门户，必亲自检点。……器具质而洁，瓦缶胜金玉；饭食约而精，园蔬愈珍馐。”不同的仪态显示人们不同的精神状态和文化教养。

其次，相由心生，优雅不俗的气质源于内心，仪态和举止是一个人内心世界的外在展现。“存乎人者，莫良于眸子。眸子不能掩其恶。胸中正，则眸子瞭焉；胸中不正，则眸子眊焉。听其言也，观其眸子，人焉廋哉？”[①]孟子认为：“观察一个人，最好观察他的眼睛。眼睛为心灵的窗口。心地光明正大，眼睛就会明亮；心地不光明正大，眼睛就灰暗无神。”另一方面，仪态不端容易让自己产生轻慢的思想，也容易让他人产生邪思邪念。所以《礼记》说：“心中斯须不和不乐，而鄙诈之心入之矣；外貌斯须不庄不敬，而易慢之心入之矣。”

那么庄雅的仪态应该是什么样子呢？一是仪态文雅。“容貌必庄。必端严凝重，勿轻易放肆，勿粗豪狠傲，勿轻有喜怒。”[②]仪态要显得有修养，讲礼貌，必须端庄、严肃、稳重，不要轻慢、放肆，不要粗鲁、恶狠、傲慢，不要喜怒无常。二是仪态自然。《礼记·玉藻》中：“足容重，手容恭，目容端，口容止，声容静，头容直，气容肃，立容德，色容庄。”这是要求仪态既要规则庄重，又要表现得大方实在，不要虚张声势，装腔作势。三是仪态美观。《礼记·冠义》认为：“礼义之始，在于正容体，齐颜色，顺辞令。”意思是礼义始于体态端庄，脸色和悦，言谈顺畅，这是仪态高层次的要求。它要求仪态既要优雅脱俗，还要美观耐看，能给人留下美好的印象。《左传·定公十年》中：“中国有礼仪之大，故称夏；有服章之美，谓之华。”我们既有丰富的礼仪，还有华美的服装。可见仪态庄雅不仅要求内在的德行，还追求外在的美化。四是仪态敬人。《管子·心术下》言：“善气迎人，亲如弟兄。”要通过良好的仪态来体现敬人之意。无论是遇到什么样的人，都坚持礼的对等原则，不做出失敬于人的仪态。

---

① [战国] 孟子《孟子·离娄上》。

② [宋] 程端礼、董铢《读书分年日程·程董二先生学则》。

第十一节 雅正言语

在这个社会上，说话无疑是和别人沟通最为直接的方式。雅正言语是指说规范的话，合适的话，正直的话，典雅的话，也就是不能乱说话。老子说："多言数穷，不如守中。"意思是言多必失，所以什么时候该说，什么时候不该说，说多说少，一定保持中道。

关于如何说话，我国古代有很多至理名言。比如"辞达而已矣"，这是指说话只要把意思表达清楚就可以了。而"君子耻其言而过其行"，则是劝诫人们要说真诚的话，而非妄语，不能只说不做。《礼记》中："言必先信，行必中正。"这是说人要守信用，"君子一言，驷马难追"，不要说谎话。《荀子》说："故与人善言，暖于布帛；伤人以言，深于矛戟。"这和俗语"良言一句三冬暖，恶语伤人六月寒"是一个意思，告诫人们要说温暖的话，要说善良的话，不要说恶毒的话、刻薄的话、讽刺攻击的话。《论语·卫灵公》中："可与言而不与之言，失人；不可与言而与之言，失言。知者不失人，亦不失言。"这是提醒人们言语要谨慎，说话要看场合、看时机，也要看对象。总之要尽量做到"废话不要说""小事幽默说""急事稳当说""自己的事让别人说""拿不准的事情谨慎说""没发生的事情不胡说""做不到的事不乱说""伤害人的事不能说""有些事做了再说"等。

我们不要小瞧言语的力量，《荀子》说："故赠人以言，重于金石珠玉。"[①]孔子问礼于老子，老子临别赠言："吾闻富贵者送人以财，仁人者送人以言，吾不能富贵，窃仁人之号，送人以言，曰："聪明深察而近于死者，好议人者也。博辩广大危其身者，发人之恶者也。为人子者毋以有己，为人臣者毋以有己。"[②]大意是告诫孔子要注意祸从口出，另外，做儿女的，做臣子的，要心中时刻想着父母、君主，而不是自己。

---

①［战国］荀子《荀子·非相》。

②［汉］司马迁《史记·孔子世家》。

第十二节　谦让宽厚

谦让宽厚，是指与人交往谦虚、礼让，宽容、厚道，胸怀宽广，能够容人的美德，历来为儒家所强调和倡导。《尚书·大禹谟》说："满招损，谦受益。"《论语·卫灵公》中有"躬自厚而薄责于人，则远怨矣"，都强调了"谦让宽厚"对礼义道德的重要。

保持谦让之德，可以戒除骄躁、自负、奢侈和与人的争斗。"谦者众善之基，傲者众恶之魁。"[①]《道德经》也说"自见者不明，自是者不彰，自伐者无功，自矜者不长"。即狂妄、轻浮、急躁、骄傲、自以为是、轻视他人的人，其外在表现为傲慢无礼，这些人都不会长久。因为天道也好，人道也好，都是恶盈好谦的。所以老子说："持而盈之，不如其已；金玉满堂，莫之能守；功成身退，天之道也。"《论语·子路》中："君子泰而不骄，小人骄而不泰。"孔子提倡君子应有安定平和的气度而无傲慢无礼的姿态，相反如果一个人态度傲慢，行为无礼，无法安定处事，平和待人，那就是孔子所说的小人。

保持宽厚之心，厚德载物，以宽大的胸怀包容人。韩愈说："古之君子，其责己也重以周，其待人也轻以约。重以周，故不怠；轻以约，故人乐为善。"[②]这就是我们常说的"严于律己，宽以待人"，做到这一点，别人就乐意与你交好。《菜根谭》认为待人宽一分是福，利人是利己的根基。意思是待人接物宽厚为有福，有利于他人就是给自己留下方便的基础。所以责备别人的过错不可过于严厉，要顾及对方是否能承受。教诲别人行善不可期望太高，要考虑对方是否能做到。

谦让宽厚并不是不分是非善恶的无原则迁就，而是以礼相让。"君子崇人之德，扬人之美，非谄谀也。"[③]对待违反礼仪的人与事，要敢于批评，敢于做斗争，而不姑息退缩，这也就是孔子所说的"当仁，不让于师"。

① ［明］王守仁《传习录》。

② ［唐］韩愈《原毁》。

③ ［战国］荀子《荀子·不苟》。

卷四　智

“智”包括重视教育、文化，重视理性精神、科学精神、求实精神、批判精神、反思精神、与时俱进的精神等。孔子作为伟大的思想家、教育家，非常重视“智”，他说“知（智）者不惑”，提倡“学而不厌，诲人不倦”，“知之为知之，不知为不知，是知也”。《大学》中讲“格物致知”，朱熹讲“智则为明辨”（《朱子语类》卷二十）。在封建时代专制主义的压迫之下，“智”受到了极大损害，出现了迷信与盲从的劣性。新文化运动时期倡导“科学精神”，改革开放时期倡导“实事求是”“解放思想”，就是要回到“智”的正道上来。要坚持“仁智统一”，否则“智”便会流于狡诈。倡导“智”的精神，养成了中华民族重视文化、崇尚科学、尊师重道、求真务实的民族品格。

第一节　真理义理

中国的“道”包括真理与义理。真理是实然之理，也就是事实真相，也就是客观规律；义理是应然之理，也就是应当遵循的行为准则，应守的价值原则。一个智者应当以探索真理、体证义理为自己的人生价值目标。“吾十有五而志于学，三十而立，四十而不惑，五十而知天命，六十而耳顺，七十而从心所欲不逾矩。”[①]孔子的一生无疑就是追求真理，践行义理的一生。

要想追求真理，践行义理，首先，我们要全面认识真理，体证义理。不能以偏概全，一叶蔽目，被一些似是而非的思想理论观点蒙蔽而看不见全面的道理。这正如荀子所言：“凡人之患，蔽于一曲而暗于大理。”[②]其次，要勇于跳出自己利益得失的考虑，以第三者的身份看问题，才能明辨是非，做出正确抉择。俗语说：“当局者迷，旁观者清。”也正如唐朝司马承祯《坐忘论》所言：“若以合境之心观境，终身不觉有恶；如将离境之心观境，方能了见是非。”

因为真理是客观性的概念，义理也是人所应当遵守的基本价值观。它不以人的好恶而存在，也不以人的好恶而改变。但是“唯君子能好其正，小人毒其正”[③]，这个社会总是有人以谬误为真理。“心有所是，必有所非”，也有人坚持负面价值观。鉴于此，认识真理，坚持真理，体证义理，践行义理就尤为可贵。相信坚持义理之学不动摇，就会达到“仁者不忧，知者不惑，勇者不惧”[④]的境界。

---

① ［春秋］孔子《论语·为政》。

② ［战国］荀子《荀子·解蔽》。

③ ［汉］戴圣《礼记·缁衣》。

④ ［春秋］孔子《论语·子罕》。

第二节 认知体证

中华义理经典是中华民族亿万生民生命经验和智慧的结晶，并且由历代圣贤体证、践行进而表述出来。《管子·九守》中：“目贵明，耳贵聪，心贵智。以天下之目视则无不见也，以天下之耳听则无不闻也，以天下之心虑则无不知也。”一个人无论多么聪明，个体的生命的长度和广度是有限的，学习中华义理经典无疑是最智慧的选择。学习的方法主要是认知体证。

认知是指认识和知道客观事实和万事万物的原理、特征、规律等。对于国学的文化事实、历史事实、概念等，我们往往通过认知方法学习。《盐铁论》中：“多见者博，多闻者知。”博学多闻有利于我们掌握更多的客观事实。虽然认知追求客观真实，但是认知活动受到认知者主观因素的影响，会出现片面性。运用认知方法一定要摒弃主观好恶成见，并且博采众长。“子绝四：毋意，毋必，毋固，毋我。”[①]孔子告诫我们要杜绝四种毛病：“不凭空臆测，不绝对肯定，不固执己见，不自以为是。”《资治通鉴》说：“兼听则明，偏信则暗。”

国学的认知往往通过考据、资料、书籍、实物进行研究学习，所能获得的只是无限丰富的知识，而人生的体验是无法从认知中获得的。《易经·系辞》云：“书不尽言，言不尽意。”《老子》说：“道可道，非常道；名可名，非常名。”这就需要体证的方法。体证是指通过对中华义理经典体认、体会来证得、证实并进而践行，也就是通过个体的生命体验，证实经典的要义，进而使所体验到的要义在生活和行为中得以彰显，从而完成对中国文化的认同。在《庄子·人间世》记载了孔子教颜回“心斋”的方法：“回曰：‘敢问心斋。’仲尼曰：‘若一志，无听之以耳而听之以心，无听之以心而听之以气！听止于耳，心止于符。气也者，虚而待物者也。唯道集虚。虚者，心斋也。’”[②]不要受到眼耳学习的局限，要用心去看去听，甚至心也会有局限，把心放空到虚无的境地，这样道与虚就集于一身，这个虚，就是“心斋”。其实孔子的“心斋”就是生命对道、对义理的体证，并用体验而证得的“道”，指导生活实践，这就是知行合一。

---

① ［春秋］孔子《论语·子罕》。

② ［战国］庄子《庄子·人间世》。

第三节 实践践行

实践是指对认知到的客观知识进行证实或证伪的过程，因此，实践是检验知识是否为真理的基本方式。我们常说“百闻不如一见”。《荀子·劝学》云：“故不登高山，不知天之高也；不临深溪，不知地之厚也。”只有经过实践，将知识信息与客观事物进行比较，才能加以判断是真还是假。“无参验而必之者，愚也。”[①]没有经过实践检验就作出肯定，那是愚蠢的。另外，人的认识会受实践水平的限制，所以庄子告诉我们：“井蛙不可以语于海者，拘于虚也；夏虫不可以语于冰者，笃于时也。”井蛙不可以谈论海的事情，夏虫不可以谈论冰雪的事情，是因为它们的眼界受时空的局限。

践行是指将体证到的义理运用到自己生命生活中的行为，因此，践行是培育和彰显义理的基本方式。义理经典是中国古代圣贤以自己的生命体悟和践行而产生的成果。王阳明在《传习录》中云：“古人言语，俱是自家经历过来，所以说得亲切，遗之后世，曲当人情。若非自家经过，如何得他许多苦心处。”义理是人生之理、价值观，是“性理”，不是“事理”，不是自然科学知识。宋代诗人陆游说：“纸上得来终觉浅，绝知此事要躬行。”所以义理必须融入生活，必须从自己的生命体验中去感知它，领悟它，接受它。清朝大儒王夫之说：“见闻之知，不如心之所喻，心之所喻，不如身之所亲行焉。”[②]孔子说：“知之者不如好之者，好之者不如乐之者。”[③]只有践行义理才能真正感受到快乐。空谈义理而不去践行，就会变成道貌岸然的伪君子。只有践行义理才能提高自己的人格修养、生命境界。

---

①［战国］韩非子《韩非子·显学》。

②［清］王夫之《周易外传·系辞上》。

③［春秋］孔子《论语·雍也》。

第四节　继承创新

中华优秀传统文化要在当今社会解决现实生活问题，继承和创新不可或缺。应当强调的是继承是创新的基础，创新是在继承的前提下实现的创造。离开中华文化的传统，任何创新便会成为无源之水、无本之木。

文化继承，不是原封不动地承传传统文化，而是要有所淘汰、有所发扬，从而使文化得到发展。传统文化义理方面，因其具有超越时空、跨越国度的永恒价值和魅力，应当以继承为主，创新为辅。而对于传统文化的其他方面，就要辩证地认识它在现实生活中的作用，分辨其中的精华和糟粕。

那么如何继承和创新发展我们的传统文化呢？

第一，要有怀疑精神。《文子》卷中就有“法与时变，礼与俗化。衣服器械，各便其用；法度制令，各因其宜”的说法。意思是法令制度随时间的变迁而变化，礼仪也随着风俗习惯的不同而改变。服饰器具，要以方便使用为原则，法规制度和命令，都要因时因地而制宜。所以改变古制不必遭到非议，而顺从民俗也不必过多赞誉。陆象山说：“为学患无疑，疑则有进。”[①]也就是要有问题、有质疑，有质疑才能思考辨析，才能有所取舍。

第二，要有批判精神。王充在《论衡·案书》中：“两刃相割，利钝乃知；二论相订，是非乃见。”事物都是相比较而存在，相斗争而发展的。经过比较，通过考察才知哪把刀子锋利，哪把刀子不锋利，单凭主观的猜测是难以得出正确结论的。同样，关于传统文化对立的见解，只有经过古今中外的不同观点辩证交锋，才能得出孰是孰非的结论。王阳明认为：“故言之而是，虽异于己，乃益于己也；言之而非，虽同于己，适损于己也。益于己者，己必喜之；损于己者，己必恶之。”[②]意思是正确的言论，即便与自己的意见不同，也对自己有益；错误的言论，即便与自己的意见相同，也对自己有损害。对自己有益的，一定会喜欢它；对自己有害的，一定会厌恶它。对于传统文化中符合社会发展要求的、积极向上的内容，应继续保持和发扬；对于传统文化中不符合社会发展要求的、落后的、腐朽的东西，必须移风易俗，自觉地加以改造或剔除，这实际就是批判地继承的态度。

第三，要有创新精神。《周易》曰："日新之谓盛德，生生之谓易。"中国文化五千多年来生生不息，具有强大的生命力，在不同的时代，不断地被注入时代精神，不断地创新发展。《大学》云："苟日新，日日新。"今天我们处在历史与现实、东方与西方的文化交汇点上，发扬中华民族优秀文化传统，汲取世界各民族文化的长处，在内容和形式上都要积极创新，努力铸造中华文化的新辉煌。

---

① [宋] 陆九渊《象山集·象山语录》。

② [明] 王守仁《王文成全书》卷二。

第五节 知行合一

中国传统意义上的知行合一主要是指义理与践行合一，也就是道德认知和道德活动的统一。这里的“知”，特指人伦道德知识，并不是一般的自然科学知识和社会科学知识。

王阳明说：“圣人之学为身心之学，要领在于体悟实行，切不可把它当作纯知识，仅仅讲论于口耳之间。”可见人伦道德知识并不是写在书本上的纯知识，而是存在于人心中的知识，存在于人的行为之中的知识。“君子之学也，入乎耳，箸乎心，布乎四体，形乎动静。”[①]意思是君子学习的“知”，入于耳，保存于心，表现在四肢上，体现在日常行动中。

知行合一，“知”就是要认识体证所行是否符合正道？西汉哲学家扬雄《法言·学行》中载：“大人之学也为道，小人之学也为利。”符合正道就去做，不符合正道就是小人之学，不去做，人只要“知行合一”，自然能成就德行，成就事业。宋代大儒周敦颐也说：“圣人之道，入乎耳，存乎心，蕴之为德行，行之为事业。”[②]

朱子说：“知行常相须，如目无足不行，足无目不见。”[③]知与行相互需要，就像有眼睛没有脚，则不能走路；有脚没有眼睛，则看不见路。王阳明也认为“知行原是两个字，说一个工夫”。可见“知”与“行”是一个事情的两个方面而已，知中有行，行中有知。王阳明用三句话为我们概括“知行合一”思想：其一，“知是行的主意，行是知的功夫”。其二，“知者行之始，行者知之成”。其三，“知之真切笃实处即是行，行之明觉精察处即是知”。

当今时代，义理缺失、知行不一、知行分离现象十分常见，倡导人们做到以“知”促“行”、以“行”促“知”“知行合一”具有重要意义。从知行合一上下功夫，中华十大义理才能内化为人们的精神追求，外化为人们的自觉行动。

①［战国］荀子《荀子·劝学》。

②［宋］周敦颐《通书·陋》。

③［宋］朱熹《朱子抄释》卷一。

第六节　尊师重道

尊师重道，是我们中华文化的优良传统。尊师主要是指对圣贤、老师的尊崇；重道是指对经典、道统的尊崇。

《礼记》云："建国君民，教学为先。"教育是建国治民的基本方略，可见教育的极端重要性。荀子认为："国将兴，必贵师而重傅。"韩愈说："举世不师，故道益离。"苏轼说："斯文有传，学者有师。"只有尊师重道，人类才得以生存发展，社会文明才能按照"道统"的方向取得进步。

"师者，所以传道授业解惑也。"[①]中国自古就把传道放在第一位，传道才是最主要的，其他学问、知识、技艺都是次要的。"道"在何处？《文心雕龙·原道》告诉我们"道沿圣以垂文，圣因文而明道"。"道"通过圣人而显现为经典，圣人通过经典而弘扬道。晚清经学家皮锡瑞在《经学历史》里说："孔子之教何在？即在所作《六经》之内。故孔子为万世师表，《六经》即万世教科书。"先圣经典承载圣贤之言、承载道、承载义理，蕴含着关于宇宙人生的根本法则，因而具有永恒的价值。所以古代无论是老师，还是学生，家长都尊崇圣贤、重视经典，把"经典"和"道统"看得很神圣。

尊师重道，首先，为师者自己要修身传道。教师无德何以传道？"言传不如身教"，为人师表正如一面镜子，是学生最生动的榜样。"正人说邪法，邪法悉皆正；邪人说正法，正法悉皆邪。"[②]老师一身正气，充满正能量，自然会受到尊重。"是故言悖而出者，亦悖而入；货悖而入者，亦悖而出。"[③]师道尊严，自尊尊人。其次，为学者要虚心求教。《礼记》云："安其学而亲其师。"《论语》里就有很多这样的教诲。"敏而好学，不耻下问。""三人行，必有我师焉。择其善者而从之，其不善者而改之。"最后，师生都要主动接续中华道统，从黄帝、炎帝，历经尧、舜、禹、周文王、周武王、周公，孔子集大成，再经由董仲舒、韩愈、二程、朱熹，传至明代王阳明、清代康有为、民国时代孙中山，师生要主动学习中华道统所传承的道德观、价值观和人生观，其核心就是仁、义、礼、智、信、忠、孝、廉、毅、和十大义理。

---

① [唐] 韩愈《师说》。

② [宋] 释普济《五灯会元·赵州从谂禅师》。

③ [汉] 戴圣《礼记·大学》。

第七节 教之有方

中华民族长期以来具有重视道德教育的优良传统，形成了一套行之有效的教育原则和方法。比如正面灌输、言传身教、化民成俗、礼乐结合等。现略举几例如下。

因材施教。从孔子开始就将“因材施教”作为儒家的教学基本原则。朱熹说：“圣贤施教，各因其材，小以成小，大以成大，无弃人也。”[①]这是继承了孔子的因材施教、有教无类的思想。“导人必因其性，治水必因其势。”[②]意思是说，诱导人必须依顺其心性，就如同治水一样，必须根据地势的走向和高低进行疏导。所以教学者要先了解教育对象的志向和才能，才能适应个别差异去进行教学，使人各尽其才。

启发诱导。《论语·述而》中：“不愤不启，不悱不发，举一隅不以三隅反，则不复也。”孔子认为掌握知识，形成道德观念，应该是一个主动探索领会的过程。因此，他在教学中特别重视学生学习的主动性，善于启发学生的心智。《学记》继承和发展了孔子的启发式教学思想，“道而弗牵，强而弗抑，开而弗达”，“善问者如攻坚木，先其易者，后其节目”，“善待问者如撞钟，叩之以小者则小鸣，叩之以大者则大鸣”。君子教学，不是直接灌输知识，而是创设情境，言此而意彼，让学生感悟、发现，从而达到教师“举一”而学生“反三”的教学效果。

言传身教。言传身教指用言行影响、教导别人。老子在《道德经》中认为“不言之教，无为之益，天下希及之”，这里的“不言之教”指的是通过潜移默化的行为教育人。孔子的“其身正，不令而行；其身不正，虽令不从”，孟子的“吾未闻枉己而正人者也”，明朝陆世仪的“教子须是以身率先”，也都强调了言传身教的重要性。

环境熏陶。中国有“孟母三迁”的故事流传千古，除了言传身教，还要注重境教。所谓“近朱者赤，近墨者黑”。《颜氏家训》里也有这样的话：“古者，圣王有胎教之法：怀子三月，出居别宫，目不邪视，耳不妄听，音声滋味，以礼节之。”这说的就是境教，并且是从胎教就开始注意环境的重要，还结合了礼乐的熏陶。

禁于未发。《礼记·学记》中“禁于未发之谓豫”，就是要“以预为先”“防于未萌”，把可能发生的不道德行为及早地消灭在“萌芽状态”，《学记》所说“发然后禁，则扞格而不胜”，等到不良行为发生后再强制阻止，即会引起受教者情绪上的抵触，而不能达到良好的效果。朱熹甚至认为不仅对不道德的行为要以“豫”为先，对不正确的观念的产生也应该以预防为主，不能让其形成任何“不良意念”。不仅不能做，甚至想都不应该想。《颜氏家训·教子》举了一个案例，父母对孩子的饮食起居、言行举止过于迁就，就不能正确预防。孩子懂事以后坏习性已经养成，就很难教化了。

化民成俗。利用环境的潜移默化作用，将教育思想化为一种无形的氛围，变为一种天下风气，融入社会生活的方方面面，这是我国古代教育的最高境界。比如在礼俗民俗、乡规民约、家道家法中融进道德教化的要求，或是树立道德典范，或是通过宗庙祠堂、戏曲、牌坊等方式，倡导社会的道德风尚。清朝魏源说：“教以言相感，化以神相感。”唐代诗人白居易也说：“人无常心，习以成性；国无常俗，教则移风。”这些都是说化民成俗这种教化的方法。

总之，教育是人一生的事情，“一年之计，莫如树谷；十年之计，莫如树木；终身之计，莫如树人。”③中国几千年来留下大量的关于教育方法的宝贵遗产，值得我们好好珍惜、学习、运用。

---

①［宋］朱熹《孟子集注》卷十三。

②［汉］徐干《中论·贵言》。

③［春秋］管仲《管子·权修》。

第八节 修学有道

国学是中国传统文化的精髓，学习国学能够提升个人修养，改善生活质量，获得幸福快乐人生。国学博大精深，经史子集浩如烟海。因此，如何学习国学则成为许多人的共同问题，佛家讲“信解行证”，陈杰思教授倡导国学经典教育的八项原则：诚敬、理解、体悟、集萃、诵记、涵养、信仰、力行。可见儒家同样也要有信仰、理解、实践和证悟的过程。下面结合经典介绍几种学习国学的基本原则和方法。

心存诚敬。以真诚之心和恭敬之心面对孔子及历代圣贤，面对经典，才会虚心接受圣贤的教导，《了凡四训》说：“一分诚敬得一分利益，十分诚敬得十分利益。”《孝经·五刑》言：“非圣人者无法。”如果面对圣贤还要“贡高我慢”，那真是“无法”。只有心存诚敬，才能与圣贤心心相印，才能与经典感应道交，才能修习国学。

读经悟道。在学习国学的过程中，首先要注重诵读经典。但时下有一种不好的风气，以所谓老实大量纯读经为学习的目的，殊不知读经只为致道。正如指月之手，手只是媒介，重点在月，执着于手本身实在是愚人所为。“今之治经者亦众矣，然而买椟还珠之蔽，人人皆是。经所以载道也，诵其言辞，解其训诂，而不及道，乃无用之糟粕耳。”[①]先贤二程告诫我们不要做买椟还珠的傻事，经书是用来记载大道的。诵读了经书的文辞，粗解其意，却没有悟到其中的大道，那经书也变成无用的糟粕了。故朱熹说，读书要心到、眼到、口到。不仅仅诵记其辞，还要用大脑去理解其意，更要用心灵去体证其道。

熟读精思。《论语》曰：“温故而知新，可以为师矣。”对于经典要反复地诵读、咀嚼、反刍，这样才能逐渐消化，内化于心、外化于行。因此，反复地温习是学习中的重要步骤，也是自我反思回顾的过程。朱熹认为：“大抵观书先须熟读，使其言皆若出于吾之口；继以精思，使其意皆若出于吾之心，然后可以有得尔。”[②]所以熟读后还要思考，要与圣贤心灵对话，并结合经典义理对自己生活阅历和实践经验进行理性反思。否则就会导致“学而不思则罔，思而不学则殆”。

博观约取。修习国学，必须对博通与专深有正确的认识。对一些似是而非的观点要能明辨，比如对一个对传统文化的背景一无所知的人进行所谓的一门深入教学，认为一通百通，就实在是个笑话。《申鉴》中：“有鸟将来，张罗待之，得鸟者一目也，今为一目之罗，无时得鸟矣。”这段文字很好地说明了“博”与“专”辩证统一的道理。没有专的“博”，只能像万金油一样，解决不了什么问题；没有博的“专”，也只能像上面所说的“一目之罗”，是“无时得鸟”的。不把许多“目”结成罗网，又如何捕鸟？明朝王廷相在《慎言·见闻》中说：“学博而后为约，事历而后知要。”《论语》曰：“博学而笃志，切问而近思。”因此博学是基础，有了广博的国学知识背景，在此背景之下开展专业学习方可有所成就。当然博学并不意味着毫无目的地眉毛胡子一把抓，《朱子读书法》倡导“循序而致精”。二程也认为：“学贵专，不以泛滥为贤。”有了博学才能明辨，找到自己专一的方向，“一则明，明则有功”，最终专一而取得成功。

学近其人。《荀子》中言：“学莫便乎近其人。”意思是学习没有比亲近明师、良师更便捷的了。“故善学者，假人之长以补其短。”[3]若得遇良师，其不仅在知识、学问上给予我们启发，更能够在言谈举止中对我们形成潜移默化的影响。子曰：“三人行，必有我师焉。择其善者而从之，其不善者而改之。”[4]良师难求，特别今天伪国学盛行，乱象丛生，泥沙俱下，群魔乱舞，邪师说法，如恒河沙。所以，能遇到能者为师甚或一字之师就是人生的幸事了。学近其人，拜师求道，甚或远师古圣。都能够省却自己的茫然摸索，但一定要有智慧分辨真假明师。

事上磨炼。王阳明认为：“人须在事上磨炼，做功夫，乃有益。若只好静，遇事便乱，终无长进。”[5]我们学习国学若只是读书明理便是做死学问，必须要与实践相结合。人只有在磨炼中才能成器，只有在逆境中才能成熟，这就是在事上磨炼的含义。我们常说“不经一事，不长一智”。学习国学不是躲进深山打坐吐纳，谈玄论妙，而是“结庐在人境，而无车马喧”。曹雪芹《红楼梦》里写有：“世事洞明皆学问，人情练达即文章。”将学习到的国学义理转化为行动，转化为为人处世的智慧。《菜根谭》说：

“耳中常闻逆耳之言，心中常有拂心之事，才是进修德行的砥石。若言言悦耳，事事快心，便把此生埋在鸩毒中矣。”

博古通今。《文子·道德》认为：“世异则事变，时移则俗易。”这个世界是不断发展变化的，虽然经典所讲的道理可以穿越时空而来，但是这种穿越时空，必然要和现实生活有机结合才能充分显示它的生命力。“前事之不忘，后事之师。”[⑥]博古的目的是以古鉴今，是为解决现实生活问题，不是食古不化。今天科技日益发达，地球已经成为地球村，世界上除了中华传统文化，还有西方各种文化，这世上不会有一个全能的文化，都需要其他文化来补充，来碰撞。因此，我们在学习国学时，务必要保持开放的心态，包容的心态，发展的心态，创新的心态。

---

① [宋] 程颢、程颐《近思录·为学》。

② [宋] 朱熹《朱子语类》卷十《读书法上》。

③ [战国] 吕不韦《吕氏春秋·用众》。

④ [春秋] 孔子《论语·述而》。

⑤ [明] 王守仁《传习录》。

⑥ [汉] 刘向《战国策》卷六。

第九节 知人善任

所谓知人善任，就是要善于辨别人的品德和才能，合理地委以其胜任的职务。知人善任是历代帝王安邦治国的要窍。“得人者兴，失人者崩。”[①] 贤才之得失关系到天下之兴亡，这是数千年历史的经验教训。那么，如何做到知人善任呢？

感召之法。《吕氏春秋·功名》曰：“水泉深则鱼鳖归之，树木盛则飞鸟归之，庶草茂则禽兽归之，人主贤则豪杰归之。”要想贤能之人都能为我所用，那么人主，也就是管理者自身要修身正心，以德服人。《大学》云，“身修而后家齐，家齐而后国治，国治而后天下平”，“有德此有人，有人此有土，有土此有财，有财此有用”。都是告诉我们要修养德行，并以德感召贤能之人，“故千人同心则得千人之力；万人异心则无一人之用”[②]，进而以德感召天下。

知人之术。老子所谓“知人者智，自知者明”。管理者要先知人，之后才能善任，要能辨其正邪，察其所长，知人所欲。《资治通鉴》中：“忠臣不和，和臣不忠。履正奉公，臣子之节；上下雷同，非陛下之福。”小人一般善于伪装，巧言令色。而君子和人不同，绝不盲目附和，敢于表达自己独立的见解。这就需要管理者有明辨是非的能力和方法。听其言而观其行，从其细微动作、表情、言语、行为中观察，从其为人处事或紧急状态中观察，并进一步观察其内心的真实想法。只有做到知其德，知其才，知其欲，才可能用其长而舍其短。

善任之道。知人不易，善任更为不易。首先，要做到任人唯贤。贤者，一般是指德才兼备的人。如果退而求其次，也一定任用有德行的人。“德者，才之帅也。……自古昔以来，国之乱臣，家之败子，才有余而德不足，以至于颠覆者多矣。”[③]孟子说：“是以惟仁者宜在高位。不仁而在高位，是播其恶于众也。”[④]如果任用一个道德低下的人或无德之人，就会把他的罪恶传播给群众。其次，要做到量能而用。才有长短，德有高卑，所谓贤能之士，也并非十全十美。《荀子·君道》认为："论德而定次，量能而授官，皆使其人载其事而各得其所宜。"意思是按照品德的高低排定等级，衡量才能的大小来授予职位，从而使人才都能够担负起合适的工作而各得其宜。最后，还要避免任人唯亲。不看德行才能，凭借自己权术，唯亲是举，任用亲信，这是管理之大忌。唐朝韩愈说："古之所谓公无私者，其取、舍、进、退无择于亲疏远迩，惟其宜可焉。"⑤意思是对人才的取舍一定要做到大公无私，不是看亲疏远近的关系，而是看这个人是否适当。只有做到"尊贤使能，俊杰在位"，才会得到"天下之士皆悦，而愿立于其朝矣"⑥的结果。

---

①［汉］司马迁《史记·商君列传》。

②［汉］刘安《淮南子·兵略》。

③［宋］司马光《资治通鉴》卷一《周纪一》。

④［战国］孟子《孟子·离娄上》。

⑤［唐］韩愈《东雅堂昌黎集注》卷十九。

⑥［战国］孟子（公孙丑下）。

第十节 经权达变

经权达变是儒家关于人们在实际生活中遇到道德冲突时，如何选择的原则性与灵活性之间的关系的伦理思想。经，是指常理、常规或我们常说的原则性；权，是指特殊情境下的变通、权衡或我们常说的灵活性。一般会有以下三个原则。

第一，权者合道。《春秋·公羊传》云："权者何？权者反于经，然后有善者也。"这是说，权虽然与经相反，但它并不是出于某种恶的目的，而是为了实现某种善。《孟子》一书中有关于"嫂溺是否援之以手"的讨论，"淳於髡曰：'男女授受不亲，礼与?'孟子曰：'礼也。'曰：'嫂溺，则援之以手乎?'曰：'嫂溺不援，是豺狼也。男女授受不亲，礼也；嫂溺，援之以手者，权也。'"孟子说，如果嫂子掉到水里了，而不去拉她，任其淹死，简直是畜生。男女之间不亲手递接东西，这是常礼。嫂子掉到水里了，用手去拉她救她，这是变通的办法，就是"权"。能救得嫂子的生命，这就是善的目的，也是行权的必要性所在。权，尽管违背了经的要求，但这是合乎人道和通情达理的。所以说"权"尽管"反经"，但还是"合道"的。汉韩婴认为："夫道二，常之谓经，变之谓权。"[①]道有两种情形，有常道，有变道，经是常道，权是变道。也就是说，经是恒常不变的道，权是变化情形之中的道，所以，权也是道。

第二，权取其重。汉代大儒董仲舒指出："夫权虽反经，亦必在可以然之域。不在可以然之域，故虽死亡，终弗为也。"[②]这里讲的"可以然"，就是合理合道的意思。"不在可以然"，即不合理，不合道。所以，儒家这里讲的"行权"是权衡，"合道"才能行权，"不合道"不能行权。《二程遗书》云，荀子认为"道者，古今之正权也，离道而内自择，则不知祸福之所托"。"合道"就是合乎礼义道德原则。权虽反此经但合彼经，可见经是道德原则，权也是一种道德原则。当遇到道德冲突时，就要"权量轻重，使之合义"[③]。权就是选择某种具体道德原则之上的更高的道德原则。

第三，执中有权。权不仅要有高尚的德行，还要有高超的智慧。《文子·道德》云："圣人者，应时权变，见形施宜，世异则事变，时移则俗易，论世立法，随时举事。"说的是权要学会随机应变，因地制宜。《周易·艮·彖》曰："时止则止，时行则行；动静不失其时，其道光明。"该静止的时候，必须静止；该行动的时候，必须行动。不论是静止，还是行动，都要掌握好时机，这样事业就能有光明前途，所以要做到"与时偕行"才可以。可见，经与权之间是对立统一的。孟子是反对"执中无权"的，他认为"执中无权，犹执一也"[④]。所以正确把握了经与权的关系，有助于我们处理好现实道德生活中行为选择的种种复杂的情境和问题。

---

①［汉］韩婴《韩诗外传》。

②［汉］董仲舒《春秋繁露·玉英》。

③［宋］程颢、程颐《二程遗书》卷十八。

④［战国］孟子《孟子·尽心上》。

第十一节 智谋运筹

智谋运筹是决策者用智慧和计谋，策划统筹找到最优方案，尽可能取得最大利益，减少操作风险。凡是出于自私邪恶目的的计谋属于阴谋诡计，是小人行径，不属于我们说的智谋运筹。我们这里所说的是指出于善良的动机，保护正当利益或夺取他人不当利益的方法论。下面略举九例。

知彼知己。《孙子兵法·谋攻》中："故曰知彼知己，百战不殆；不知彼而知己，一胜一负；不知彼不知己，每战必败。"说的是在军事纷争中，既了解敌人，又了解自己，百战都不会有危险；不了解敌人而只了解自己，胜败的可能性各半；既不了解敌人，又不了解自己，那每战都有危险。

不战屈敌。《孙子兵法·谋攻》中："是故百战百胜，非善之善者也；不战而屈人之兵，善之善者也。"说的是靠战胜别人而使别人屈服，即使是百战百胜，也不是最好的。不经战斗而使敌人的军队屈服，那才是最好的。这才是战争的理想追求和最高境界。

谋虑计定。《孙子兵法·军行》中："故善战者，立于不败之地，而不失敌之败也。是故胜兵先胜而后求战，败兵先战而后求胜。"说的是那些善于用兵打仗的人，总是预先创造不被敌人战胜的条件，来等待可以战胜敌人的时机做到不被敌人战胜，全靠自己的主观努力，能否战胜敌人，则在于敌人是否有可乘之机。

避其锐气。《孙子兵法·军争》中："善用兵者，避其锐气，击其惰归，此治气者也。"说的是善于用兵的人，避开敌人的盛气，乘敌人萎靡不振时打击他，这是提高士气的办法。

攻其无备。《孙子兵法·始计》中："兵者，诡道也。故能而示之不能，用而示之不用；近而示之远，远而示之近；利而诱之，乱而取之；实而备之，强而避之；怒而挠之，卑而骄之；佚而劳之，亲而离之；攻其无备，出其不意。"说的是用兵，是诡诈之道。所以，能够做而伪装成不能够做，要用兵而伪装成不用兵，在近处却装作在远处，在远处却装作在近处。敌人如果贪利，就引诱它；敌人如果混乱，就攻取它。敌人有实力，就要防备它；敌人强大，就要避其锋芒。敌人盛怒而来，就要摧折它；敌人胆怯自卑，就要让它骄傲。敌人安逸，就要让它疲劳；敌人团结，就要离间它。

以变应变。《鬼谷子·谋篇》中："故变生于事，事生谋，谋生计。"说的是事物在不断地发展变化中，一定要因时因势不断调整预设的方案，不要刻舟求剑，才能取得成功。

正奇相生。《孙子兵法·兵势》中："凡战者，以正合，以奇胜。故善出奇者，无穷如天地，不竭如江海。"说的是但凡战斗，以常规兵法来交战，以奇谋诡计而制胜。善于出奇制胜的人，其战法像天地那样变化无穷，像江河那样奔流不息。《李卫公问对·卷上》也说："善用兵者，无不正，无不奇，使敌莫测。故正亦胜，奇亦胜。"意思是，善于用兵者，可以运用正，也可以运用奇，使敌人没有办法预测。所以，运用正时是胜利，运用奇时也会胜利。

欲擒故纵。《道德经》中："将欲歙之，必固张之；将欲弱之，必固强之；将欲废之，必固兴之；将欲夺之，必固与之。"大意是想要收束它，必须暂且扩张它；想要削弱它，必须暂且增强它；想要废黜它，必须暂且兴举它；想要夺取它，必须暂且给予它。老子的这一套大智慧，是利用"物极必反"的原理来达到预期目的，使对方达到极限就会朝着与他们相反即我们的预期目的的方向发展，这样就可以不花费太大精力而达到目的。"将欲取之，必先予之"，也就是我们常说的欲擒故纵。

以退为进。《荀子·宥坐》中："聪明圣知，守之以愚；功被天下，守之以让；勇力抚世，守之以怯；富有四海，守之以谦。"说的是聪明有智慧的人，就用愚笨的方法守住智慧；功劳大而且名闻天下的人，就用退让的办法守住功劳；用勇力镇抚世间的人，就用胆怯的办法守住勇敢；富裕遍布四海的人，就用谦恭的办法守住富贵。

第十二节 阴阳辩证

中国人通过千百万年的观察和总结，发现万事万物都同时存在阴阳两个相反的属性。他们相互依存、互为其用，阴极生阳、阳极生阴，阴阳双方的此消彼长，决定着事物的变化方向，这就是自然规律。阴阳辩证就是中国人掌握和运用自然规律和社会规律最根本的思维方法。

阴阳对立。一阴一阳之谓道。道，即规律。这就是说，阴阳是一对矛盾，它的对立统一是事物发展变化的规律。没有阴阳的对立存在，阴阳的对立运动也就终止了，事物也就不存在了。阴阳之间的相互制约、相互斗争，促进了事物的发展进步。所以老子说："有无相生，难易相成，长短相形，高下相倾，音声相和，前后相随。"

阴阳互根。万物负阴而抱阳，冲气以为和。万事万物内部都包含有阴阳，一花一世界，一物一太极。阴阳互相依存，互为作用，都不能孤立地存在。也就是说没有阴，就没有阳；没有阳，也就没有阴。就像上与下，寒与热，身与影，手心和手背等。正如《大乘稻芊经》所言："因缘者，此有故彼有，此生故彼生。"我们在现实生活中，有吉就要想到凶，有福就要想到祸，我们做决策就会全面思考，避免出现"人见利而不见害，鱼见食而不见钩"①的现象。做事情也一定要有预见性。"盖明者远见于未萌，而知者避危于无形，祸固多藏于隐微而发于人之所忽者也。"②

阴阳消长。阴和阳虽然相互对立、相互制约、互根互用，但阴和阳并不是处于静止不变的状态，而是始终处于不断地运动变化之中，其运动形式始终是矛盾的两个阴阳彼消此长、此进彼退的动态平衡，从而保持事物的正常发展变化。如日月昼夜的交替，春夏秋冬、气候冷热的变更。明白了阴阳消长的规律，我们可以见微知著，防微杜渐。"星星之火，可以燎原。"③"履霜，坚冰至。"④老子说："图难于其易，为大于其细；天下难事，必作于易，天下大事，必作于细。"说的是任何事情要从容易和细微处开始。

阴阳转化。“物极必反，其理须如此。”[⑤]阴阳两种事物变化到了极点，在一定条件下，就会各自向对立面转化，阳变阴、阴变阳。如白天与黑夜，春夏秋冬的变化等，都是阴极而阳生，阳极而阴生的结果。老子说：“反者，道之动。”说的是事物向反面转化，这是事物运动之道。我们明白这个道理，任何事情不仅从正面思考，还要从反面去考虑。今日是好的、上进的，明日就有可能变坏、后退。成功时，已倚伏着败亡之因素；败亡时，也孕育着成功的因素。正如老子所言：“祸兮，福之所倚；福兮，祸之所伏。”

综上所述，万事万物都在不断地发生变化，事物并不存在固有的、永恒的属性。只有懂得了阴阳的辩证关系，懂得如何让一阴一阳互相反对的双方贯通、联结、合作、平衡、统一，事物才可能顺利地发展。老子说：“是以圣人方而不割，廉而不刿，直而不肆，光而不耀。”圣人就能做到持守中庸之道，方正而不妨碍别人，有棱角而不伤害人，直率而不放肆，光明而不耀眼。

---

①［清］李汝珍《镜花缘》。

②［汉］司马相如《上书谏猎》。

③［清］邵泰衢《史记疑问·高祖纪》。

④《周易·坤》。

⑤［宋］程颢、程颐《二程遗书》卷十五。

第十三节 因势利导

因势利导是指顺着事情发展的趋势，向有利于实现自己目标的方向加以引导，出自《史记·孙子吴起列传》中的“善战者因其势而利导之”。因势利导的前提条件是要顺应大势，所谓：“顺天者昌，逆天者亡。”《周易·革卦》云：“天地革而四时成，汤武革命，顺乎天而应乎人。”意思是天地变化而四季形成，商汤、周武王革命，顺应天命而合于人心。汉朝刘安在《淮南子·兵略》中说：“故上将之用兵也，上得天道，下得地利，中得人心。”只有符合道义的因势利导才能最终取得成功。因势利导一般表现为因地、因时、因人、因物等各种客观因素的变化而加以利用引导，向着既定的目标前进，以取得预期的成效。具体方法下面略举几例。

随机应变。《孙子兵法·虚实》中：“兵无常势，水无常形。能因敌变化而取胜者，谓之神。”这里说的是根据敌方情况的变化，灵活机动地采取相应的行动，从而取得胜利。

以长击短。司马迁在《史记·淮阴侯列传》中：“善用兵者，不以短击长，而以长击短。”这里说的是因自己的长处、短处，以及对方的长处、短处这个客观事实，而采取用己之长攻其之短的策略，最终取得成功。

避实就虚。《孙子兵法·虚实》中：“夫兵形象水，水之形避高而趋下，兵之形避实而击虚；水因地而制流，兵因敌而制胜。”说的是根据敌方兵力布局的实力和敌情之虚弱的变化情况，采取避开敌人的主力，进攻其薄弱环节而取胜的策略。

有备无患。《孙子·九变篇》中：“故用兵之法，无恃其不来，恃吾有以待之；无恃其不攻，恃吾有所不可攻也。”意思是用兵的方法，不要期望敌人不会来，而要依靠自己有所准备；不要期望敌人不会进攻，而要依靠自己的不可战胜之处。说的是根据敌方实际情况，提前做好各项准备，因势而谋，应势而动，不要抱有侥幸心理。告诉我们任何事情要事先有准备，就可以避免祸患。

善假于物。《论语 · 卫灵公》中："工欲善其事，必先利其器。"《荀子 · 劝学》也说："假舆马者，非利足也，而致千里；假舟楫者，非能水也，而绝江河。君子生非异也，善假于物也。"意思是骑马的人跑得并不快，但可以到达千里之外；乘船的人并不一定会游泳，但可以穿过江河。君子并非智慧异于常人，只是善于利用事物而已。要善于利用外物，善于利用已有的条件取得成功。

第十四节 谦虚谨慎

谦虚谨慎是说为人处事虚心礼让，小心谨慎。《尚书·虞书》讲：“满招损，谦受益，时乃天道。”所谓“天道”，是指天地之间，世间万物的自然规律法则。因此，谦虚谨慎是做人的本分。

谦虚谨慎是一种智慧。谦虚谨慎不但能够得到他人的赞美和亲近，而且还有利于保持清醒头脑，不断克服自身不足，最终达到超越自我的最高境界。《道德经》云：“上善若水。水善利万物而不争，处众人之所恶，故几于道。”说的是人类中最完善的人的德性就像水一样。水的特性就是善于滋润万物而不和万物相争，水还善于处在其所厌恶的、卑下的地方，所以它和道就相近了。因为，道在低处，一个人只有谦卑处下，才能够与道相应。我们常说“海纳百川，有容乃大”。大海能容纳百川，就在于它谦卑处下。《管子·白心》中：“强而骄者损其强，弱而骄者亟死亡；强而卑者信其强，弱而卑者免于罪。是故骄之余卑，卑之余骄。”说的是骄傲的后果是由弱而卑下，谦卑的结果是由强而骄傲。

谦虚谨慎是一种成功之道。葛洪在《抱朴子·刺骄》中：“盖劳谦虚己，则附之者众；骄慢倨傲，则去之者疾。”一个人若谦虚谨慎，归附他的人就多，若骄傲怠慢，则离开他的人就多。人一旦骄傲怠慢，就容易与人产生对立，让人心里不舒服，别人因此就会找他的麻烦，使自己做事受到阻碍。最后，因为自满容易产生漫不经心的态度，还会招致失败，做事不能顺利圆满，所以说骄兵必败。老子说：“不自见，故明；不自是，故彰；不自伐，故有功；不自矜，故长。夫唯不争，故天下莫与之争。”只有谦虚谨慎，以不争的态度处世，天下才会没有人能与之抗衡。

最后，不可过谦并且忌盈。过谦失中，谦虚谨慎要适度。过谦往往会让自己失去很多机会，时间长了，给人的感觉就是唯唯诺诺，软弱无能。在谦让中，该有的自信傲骨不能丢。盈满易覆，骄傲自满，自视甚高，必会使自己的德行、自己的事业受到损害。《贞观政要》告诫人们："傲不可长，欲不可纵，乐不可极，志不可满。"《孝经》中讲："在上不骄，高而不危；制节谨度，满而不溢。高而不危，所以长守贵也。满而不溢，所以长守富也。"说的都是忌盈这个道理。

第十五节 有为无为

“无为”是老子思想的精华所在。老子的清净、无为、柔弱、处下、不争等思想主张，表面上看是“无为”的，但并不是什么都不做，不是“无所作为”。而是顺应客观态势、尊重自然规律的“无所不为”，老子说过：“无为而无不为。”这是老子的一种人生观，主要体现在以下三个方面。

第一，顺其自然。老子说：“上德无为而无以为。”德为道之器，道为德之本，上德就是依道而行，遵从道的方向和原则。“是以圣人处无为之事，行不言之教。万物作焉而不辞，生而不有，为而不恃，功成而弗居。”这里的“无为”，就是顺其自然，依道而行。因为自信具“上德”，有底气，不言而教，没有私欲的目的，没有刻意的言行，让万事万物在自己的轨道上运作。正如《孟子·离娄下》所言：“人有不为也，而后可以有为。”没有功利性，没有目的性，不向外求。“君子之德风，小人之德草。草上之风，必偃。”[①]如此，万事皆可有为。孔子曾经赞扬：“无为而治者，其舜也与!”[②]舜帝就是以自己德行孝感天下，无为而无不为。

第二，无为而治。老子说：“我无为，而民自化；我好静，而民自正；我无事，而民自富；我无欲，而民自朴。”说的就是无为而治。“无为而治”并不是什么都不做。首先是不乱干预，不瞎指挥，抓大放小。“无为”而“为”，令百姓“自为”。《资治通鉴》告诉我们：“人君不亲小事，使百官有司各任其职。”其次是“清静”。为政者要能够清静无为，少些折腾，少些轻率浮躁。如果为政者自己生活上贪图声色货利，政事上压榨盘剥、骚扰民众，上行下效，民则不正。为政者以静制动，观物知化，那么社会就能安定，百姓就会自然而化。再者是“无事”。老子说：“以正治国，以奇用兵，以无事取天下。”无事就是无繁苛的政令，无兵役的劳苦，百姓各行己事，这是“无为”之事，那么就可以实现“无为而治”。最后是“无欲”。要做到“清静无事”，在主观心态上要“无欲”。老子讲：

“罪莫大于可欲，祸莫大于不知足，咎莫大于得。”贪欲是人生的大敌，正是为政者贪图享乐，居功自傲，不断膨胀自己的占有欲和权势欲，使得国家衰败混乱，民不聊生。为此老子主张为政者要“少私寡欲”，只有做到了“无欲”，才能“无为”，进而引导人民无私“无欲”，实现“无为而治”。

第三，为而不争。“不争”是老子崇尚的一种生活态度，老子曰：“夫唯不争，故无尤。”“水善利万物而不争，处众人之所恶，故几于道。”“不争”是人效法天之道而来，并不是放弃和逃避，像水一样，滋养万物而不与万物相争，停留在大家所厌恶的低洼之处，同样不居功自傲。“太上，不知有之。其次，亲而誉之。其次，畏之。其次，侮之。”作为执政者的最高境界就是不争，“功成而弗居”，“功成身退”，做到“无己、无名、无功”。所以“不争”也包含“谦退”“居后”的观念。正因为与世无争，才能保全自身，不招惹怨恨。

---

① ［春秋］孔子《论语·颜渊》。

② ［春秋］孔子《论语·卫灵公》。

卷五　信

“信”即真诚、诚信、守信。孔子讲“民无信不立”，孟子讲“朋友有信”，《中庸》讲“唯天下至诚为能化”，《二程粹言》中讲“诚无不动者，修身而身正，治事则事理，治人则人化，无往而不得”。在当代社会，诚信是确保市场经济正常运行的基本精神。诚信建立在仁义的基础上，《中庸》讲“诚者，择善而固执者”，以仁立诚，以义立信。当诚信原则同仁义相冲突时，就要“言不必信，行不必果，惟义所在”。同时，诚信又成为仁义的必要条件，如果没有诚信，仁义就变成假仁假义。倡导“信”的精神，养成了中华民族待人真诚、做事认真、诚实守信的民族品格。

第一节　内诚外信

在古代，“诚”是“信”的依据和根基，“信”是“诚”的外在体现。“诚”主要侧重人内心的真实不欺，即“内诚于心”。“信”则侧重外在的行为规范和待人态度，所谓“外信于人”。现在我们常常将“诚”“信”二字连用，强调只有“诚”才能生信，没有“诚”则无信可言。“内诚外信”主要包含以下三个方面的含义。

第一，诚实无欺。《二程遗书》说：“自谋不以诚，则是欺其心而自弃其志；与人不以诚，则是丧其德而增人之怨。”说的是一个人如果对自己不真诚，就是瞒心昧己和自我废弃；如果对待他人不真诚，就会丧德辱行而招致人们的怨恨。所以，“诚实无欺”就是对自己要真心实意，忠诚老实，要有诚意，不骗自己，不欺良心；对他人要实实在在，不说大话，不巧言令色，不蒙骗他人。故《礼记·中庸》曰：“君子诚之为贵。”《二程粹言》也说：“诚无不动者，修身则身正，治事则事理。”做到了“诚实无欺”就可以打动一切，用在修身上，则可以使道德高尚；用在治事上，则可以把事情办好。

第二，恪守信用。孔子说：“自古皆有死，民无信不立。”[①]意思是说，一个人没有信用，就没有立足之地。因此一定要“言必信，行必果”[②]。朱熹说：“诚者，真实无妄之谓。”[③]说的是，诚就是真实可靠，毫不荒谬。因此恪守信用必须做到真诚不欺，言行一致。正如《朱子语类》所言：“忠信只是一字。但是发于心而自尽，则为忠；验于理而不违，则为信。忠是信之本，信是忠之发。”意思是从自己的内心出发，尽心而为，在事理上不会出现背离，这才是忠信。人应以忠“操心”，以信“立行”，恪守信用。

第三，相互信任。主要指信任他人或被他人所信任。“推之以诚，则不言而信。”[④]说的是人与人之间只要能够推心置腹，以诚相待，不用言说也会相互信任。《朱舜水集》中载：“诚则始终不忒，表里一致，敬信真纯，往而必孚。”也是告诉我们只要为人真诚，始终都不会发生差错，表里如一，谨慎有信，真挚纯正，就会得到别人的信服。

---

①［春秋］孔子《论语·颜渊》。

②［春秋］孔子《论语·子路》。

③［宋］朱熹《中庸章句》卷一。

④［隋］王通《中说·周公》。

第二节　正心诚意

正心诚意是儒家所提倡的重要修身方法，朱熹赞之为“万世学者之准程”[①]。正心诚意强调修身要有一颗诚心和一份诚意，只有人的内心真诚无邪念，我们才能端正态度做事。那么，什么是“诚意”？什么是“正心”？

诚意是坚持内心的“好善恶恶”意念与外在言行相一致。主要体现在意诚、不自欺、自谦、慎独、知行合一五个方面。《大学》云：“所谓诚其意者，毋自欺也。如恶恶臭，如好好色，此之谓自谦。故君子必慎其独也。”“诚”是“实”和“真”，“意”为“心之所发也”，“诚意”就是“实其心之所发”[②]。讨厌不好的气味，爱好美好的颜色，这种好善恶恶的“意”皆出自真情，此为意诚。真真切切的“意”发自真实无妄的心，表里如一、内外一致让人自快自足，毫不造作，此为自谦。如果不真实，为了给别人看而发出的“意”，就是虚情假意，就是意不诚，就是以意欺心，此为自欺。因为“诚意”是人自身的事情，“故君子必慎其独也”。慎独就是不在背地里想坏事、干坏事。“君子乾乾不息于诚，然必惩忿窒欲，迁善改过而后至。”[③]所以君子要不断向诚意的境界努力，控制情绪，抑制欲望，走向善，改正过失，做到心口一致，不自欺亦不欺人。欺人心不安，故“小人长戚戚”。而自欺将会使自己一无所获。如张载所云：“不诚则无物。”他还说：“不行则无诚。”因此“诚意”要做到人心合一，知行合一。王阳明曾说过一个例子，“意欲温清，意欲奉养者，所谓意也，而未可谓之诚意。必实行其温清奉养之意，务求自慊而无自欺，然后谓之诚意”[④]。想好好奉养父母，要父母冬暖夏凉，这是意（或叫意诚），但还不能叫作诚意。必须是真的让父母冬暖夏凉了，奉养父母的心意实现了（知行合一），自己很喜悦（自谦），没有欺骗自己（不自欺），才叫作诚意。”

正心是端正其心于至善，端正其心于良知。清朝曾国藩在《治心经》中说：“人之所以欺人者，其所以自欺者，亦以心中别着私物也。”意思是人之所以欺人自欺，就是因为心被私欲杂念所染污。《大学》云：“所谓修身在正其心者，身有所忿懥，则不得其正；有所恐惧，则不得其正；有所好乐，则不得其止；有所忧患，则不得其正。心不在焉，视而不见，听而不闻食而不知其味。此谓修身在正其心。”以上表明，私欲杂念及身体的情绪都有可能使心不得其正，心不正就无法引导“意”，即便“意”达到所谓的“诚”，但如果不是出于“良知的心”，那就是心不在焉，心正了才能确保意正。因此可以说诚意由正心来保证，正心是诚意的升华。朱熹认为“正心”是“心如太虚，湛然虚明，如镜先未有象，方始照见事物”[⑤]的状态。王阳明认为“正心就是从诚意功夫上体认自己的心体，使它经常像镜子一样明亮，像秤杆一样平稳，这就是未发之中。[⑥]所以《大学》里又说“欲正其心者，先诚其意”。荀子也说：“君子养心莫善于诚，致诚则无它事矣。”[⑦]当“心”修养到“湛然虚明，水平如镜”之前，还是会有情绪和私欲的波浪而不得其正，故诚意和正心之功夫都不可或缺。

---

①［宋］朱熹《朱文公文集》卷七十八《复斋记》。

②［宋］朱熹《大学章句集注》。

③［清］黄宗羲《明儒学案·泰州学案》卷三十五。

④［明］王守仁《王文成全书·传习录》。

⑤［明］王夫之《船山全集》。

⑥［明］王守仁《王文成全书·传习录》。

⑦［战国］荀子《荀子·不苟》。

第三节　慎独谨微

慎独是儒家的一种道德修养功夫。主要指在闲居独处，无人监督或他人不知、己所独知之时，更须谨慎从事，自觉遵守各种道德准则。

慎隐谨微。《礼记·中庸》说："是故君子戒慎乎其所不睹，恐惧乎其所不闻。莫见乎隐，莫显乎微，故君子慎其独也。"朱熹对此注解云："隐，暗处也。微，细事也。"即于最隐蔽、最细微之处最能看出一个人的品质道德。一个有修养的人无论何时何地，无论事之大小都严于律己。只有小人才会闲居为不善，无论什么坏事都做得出来，并且"见君子而后厌然，掩其不善，而著其善。人之视己，如见其肺肝然，则何益矣"[①]。见到有道德修养的人，还想掩盖他们所做的坏事，殊不知别人将其心肺肝看得透明清楚，隐埋恶装作善的做法也不过是自欺欺人罢了。我们常说："不欺暗室、防微杜渐，勿因善小而不为，勿因恶小而为之。"就是告诫人们时时刻刻从隐微处谨言慎行。《事林广记》说："人间私语，天闻若雷；暗室亏心，神目如电。"当然，慎独的"独"不仅仅是指闲居独处，别人看不见的时候。朱熹说："人所不知而己所独知之地也。"所以，"独"包括"他人不知、己所独知"时，而这时也要"谨于言而慎于行"。

慎念克欲。王阳明的弟子问："戒惧是己所不知时功夫，慎独是己所独知时功夫，如何?"王阳明回答："只有一个功夫，无事时固是独知，有事时亦是独知。"意思时无论有事没事、有人没人，你的心思和念头只有你自己一个人知道，所以，不分什么知道和不知道的功夫，只有一个功夫，这个功夫就是"独知"。故"君子慎独"不仅仅是在于独处时，而核心应该是在于"独知"处。王阳明进一步说："人若不知于此独知之地用力，只在人所共知处用功，便是作伪。"[②]说的是如果一个人不知道在自己内心深处的根本处下功夫，只知道在外在粗浅表面的地方用功，那么这个人的所做所为便是作伪，甚至是"自欺欺人"。因此，慎独要守道，克欲。"道也者，不可须臾离也，可离非道也。"[③]朱熹认为"慎独"的目的就在于“存天理，遏人欲”。《菜根谭》说：“人只一念贪私，便销刚为柔，塞智为昏，变恩为惨，染洁为污，坏了一生人品。”“慎念”就要从源头上断绝欲念，即我们常说的“破心中之贼”。

诚己安心。《大学》云：“诚于中，形于外。”王阳明说：“一念发动处便即是行。”[④]慎独就是不自欺，不欺人，不欺天，不欺心。做到诚意正心，内外兼修，表里如一。曾国藩在《诫子书》中说：“慎独则心安。自修之道，莫难于养心；养心之难，又在慎独。能慎独，则内省不疚，可以对天地质鬼神。”意思是，无论是在独处、独行还是独知时，都相信冥冥之中自有天道规律，都能做到“心体光明”，君子坦荡荡。正如《近思录》所言：“君子当终日对越在天也。”

---

① ［春秋］曾子《大学》。

② ［明］王守仁《王文成全书·传习录》。

③ ［汉］戴圣《礼记·中庸》。

④ ［明］王守仁《王文成全书·传习录》。

第四节 求真务实

“求真”是指不断地认识事物的本质，并把握万事万物的客观规律。“务实”是按照事物的客观规律去实践，去落实。儒家认为“真”是诚之本体，“诚”忠实于事物的本来面目。而“务实”亦即儒家所谓“经世致用”。注重现实，崇尚实干，拒绝空想虚妄，尽其所用经营天下，这是儒家共同的理想和抱负。

庄子说：“真者，所以受于天。”[①]孟子说：“诚者，天之道也。”可见真诚是大自然固有的规律。朱熹解释道：“诚者，真实无妄之谓，天理之本然也。”因此，“诚”具有真实性、实在性、必然性、规律性。《礼记·中庸》中说：“诚者物之终始，不诚无物。是故君子诚之为贵。”讲的是真诚贯穿于一切事物的始终，没有真诚就没有万物，因此君子以真诚为贵。所谓“求真”无疑就是追求和坚持贯穿于一切事物始终的客观规律。故孟子说：“思诚者，人之道也。如响之应声，影之像形，所修者本也。”[②]追求真诚是做人的准则。老子说：“怀自然，保至真，抱道推诚，天下从之如响之应声，影之像形，所修者本也。”[③]胸怀自然，保持至真，以诚待人，天下人都会追随他。可见“真”离不开事物本身，它存在于真情的事物之中，存在于真挚的话语、真心的帮助之中。司马光在《资治通鉴》中说：“行必核其真，然后贵之；言必核其真，然后信之；物必核其真，然后用之。”只有事实和实在相一致才是真理。而真知代表对万物的正确而深刻的认识与理解，并且真实。清朝大儒王夫之说：“能必副其所。”[④]讲的就是主体的认识必须符合客观对象。

经世即治世、经营天下。《周易》说：“君子以经纶。”《大学》讲：“修身、齐家、治国、平天下。”在儒家看来，一个成功的人生，必须从修身开始，以领导社会，治国平天下为终结。“君子进德修业。忠信所以进德也。修辞立其诚，所以居业也。”[⑤]君子提高道德，忠于职守，取信于民，坚持真诚，终是为了建立功业。修身和经世体现了儒家关心社会现实，积极入世，勇于担当的务实精神。务实反对虚妄浮夸，“是以大丈夫处其厚，不居其薄；处其实，不居其华”[⑥]。务实反对迂腐死板，“伪者，行不顾言；腐者，学不适用”[⑦]。综上可见，真正的儒者，鄙视华而不实，真正的儒者，具有强大的现实责任感和实干精神，以及勇于实践、化成天下的经世情怀。

---

①［战国］庄子《庄子·渔父》。

②［战国］孟子《孟子·离娄章句上·第十二节》。

③［春秋］文子《文子·精诚》。

④［清］王夫之《尚书引义·召诰无逸》。

⑤［春秋］孔子《易传·文言传·乾文言》。

⑥［春秋］老子《道德经》第三十八章。

⑦［明］吕坤《去伪斋集·杨晋庵文集序》。

第五节　言而有信

孔子在《论语》中提倡言而有信、言行一致的观点。他说："与朋友交，言而有信。"[①]孔子看到宰予白天睡觉，发现他言过其实，于是得出一条重要的察人经验："今吾于人也，听其言而观其行。"[②]由此可见，孔子要求言与行应互相符合、不相违背。要做到言行一致，建议做到以下四个方面。

第一，谨言慎行。老子说："轻诺必寡信。"轻易许诺，必定很少守信用。我们一定时刻注意约束自己的言语，选择合适的言辞，少说甚至不说。做出承诺前一定考虑是否能做到。《弟子规》说："见未真，勿轻言；知未的，勿轻传；事非宜，勿轻诺；苟轻诺，进退错。"慎行，就是我们做事情要头脑冷静，要判断事情是否该做，如何去做。"圣人之诺已也，先论其理义，计其可否。义则诺，不义则已。可则诺，不可则已。故其诺未尝不信也。"[③]意谓自己的言行一定要符合道义，符合道义才去说，才敢于去承诺，才能去做。

第二，言出必行。《性理大全书》云："言行一致，表里相应，遇事坦然，常有余裕。"言语与行动保持一致，表面与内心相应，遇到事情很坦然，游刃有余。这就必须做到诚实守信、言出必行、不失信于人，要有实事求是的态度，不说假话、空话。"言之非难，行之为难。"[④]话讲起来容易，但做起来就难了。为了做到言行一致，孔子要求"先行其言，而后从之"[⑤]。在孔子看来，只有身体力行之后发表的言论才会真实可信、有根有据，才能达到言与行的一致性。

第三，言不过行。孔子认为："君子耻其言过其行。"[⑥]汉代贾谊在《新书·大政上》中讲："君子言必可行也，然后言之。"君子所说的话一定是能够做到的，然后才说。而言过于行，就是言语超过实际行为。其具体表现为说得多，做得少；说得好，做得差。孔子认为这是君子以之为耻的事情。

第四，言善行美。《荀子·大略》云："口言善，身行恶，国妖也。"那些花言巧语，台上一套，台下一套；说一套，做一套；人前是人，人后是鬼的人，其实行为上是恶的、坏的，在荀子看来这些都是国家的妖孽。所以孔子强调人们的言行要符合道义。"信近于义，言可复也。"⑦只有符合道义的言语人们才会去信服、听从。言善就是要说符合道义、美善的话，不说恶言，不说虚伪害人的话；行美就是要做符合道义、高尚的事，不做丑陋的事，不做影响公序良俗的事。

---

①［春秋］孔子《论语·学而》。

②［春秋］孔子《论语·公冶长》。

③［春秋］管仲《管子·形势解》。

④［汉］桓宽《盐铁论·非鞅》。

⑤［春秋］孔子《论语·为政》。

⑥［春秋］孔子《论语·宪问》。

⑦［春秋］孔子《论语·学而》。

第六节　择善而执

《中庸》云：“诚之者，择善而固执之者也。”意思是，君子的诚就是选择至善的目标且执着追求。于是，“择善固执”成了儒家修诚的路径和儒家的处世原则。

择善的首要任务是“明善”“诚意”。《中庸》认为：“自诚明，谓之性。自明诚，谓之教。诚则明矣；明则诚矣。”说的是只要内心诚实就能够明白事理，这是天性；只要明白事理最终就能达到内心诚实，这是教化。《朱子语类》说：“信便是真个有仁义礼智，不是假，谓之信。”可见心里要有五常，不自欺，才知善明善。荀子说：“君子养心莫善于诚，致诚则无他事矣。”意思是君子要修身养性，没有比诚信更好的方法，达到诚信后就不用刻意做其他事了。《中庸》又曰，“博学之，审问之，慎思之，明辨之，笃行之”。博学、审问、慎思、明辨四种是择善。“择善”不是简单选择自己所认定的善，“择善”需要以仁义为核心，需要灵活的思考判断。比如孟子说：“大人者，言不必信，行不必果，惟义所在。”[①]当诚信与仁义发生冲突，可以选择仁义而暂且停止诚信。

“择善”之后笃行，就是要坚定不渝地实行，这就是“择善固执”。实际就是从博学、审问、慎思、明辨到笃行的过程。这个过程要“人一能之，己百之；人十能之，己千之”[②]，意味着需要做出百倍、千倍的锲而不舍的努力。这也就是王阳明说的真切工夫：“此心真切，见善即迁，有过即改。”[③]如此，才能真正完成亲证这种“诚则明矣，明则诚矣”，进而实现一种理直气壮的自信。故无论是来自天性还是来自教化，行善都是我们的处事原则，也是我们人生的最终选择。“如实于为善，实于不为恶，便是诚。”[④]意思是真真实实地做善事，真真实实地不作恶，这便是诚。

① [战国] 孟子《孟子·离娄下》。

② [汉] 戴圣《礼记·中庸》。

③ [明] 王守仁《王文成全书·传习录》。

④ [宋] 黎靖德《朱子语类》卷六十九。

第七节　以诚相待

北宋理学家程颐说："以诚感人者，人亦以诚而应。"[①]说的是用真诚的心对待别人的人，别人也会真诚地对待他。这不正是孔子说的"求仁得仁"吗？孟子也说："爱人者，人恒爱之；敬人者，人恒敬之。"[②]说的都是"以诚相待"的道理。以诚相待包括诚己、诚人两个层面。

首先是诚己。《中庸》云："诚者自成也。"有诚心的人，必须要自己实在地去做。比如，在人际交往中，如果想结交益友，首先自己就要成为别人眼中的益友。孔子曰："益者三友，损者三友。友直，友谅，友多闻，益矣。友便辟，友善柔，友便佞，损矣。"[③]《御纂朱子全书》也说："大凡敦厚忠信，能攻吾过者，益友也。"只有自己成为正直、厚道、忠诚、守信，见多识广，敢讲真话的人，才能结交到这样的朋友。《易经》说："方以类聚，物以群分。"

其次是诚人。诚人就是真心帮助和成就他人而不求回报，对于朋友托付的事，能竭心尽力办好，对于朋友的不足，能诚恳地提出批评意见，对于不同的观点，能直陈己见。"诚者非自成己而已也，所以成物也。"[④]现在我们常说："你好了，世界就好了。"说的就是我们为人要至诚，自然会改变他人，改变世界。所以孟子又说："至诚而不动，未之有也。"[⑤]《菜根谭》中："遇欺诈之人，以诚心感动之；遇暴戾之人，以和气熏蒸之；遇倾邪私曲之人，以名义气节激励之；则天下无不入我陶冶中矣。"其实诚人也是达己。在这个待人以诚的过程中，也发展和完善了自己，成就了自己。

---

①［宋］程颢、程颐《二程遗书》。

②［战国］孟子《孟子·离娄章句下》。

③［春秋］孔子《论语·季氏》。

④［汉］戴圣《礼记·中庸》。

⑤［战国］孟子《孟子·离娄章句上》。

第八节 无信不立

诚信是立身之本，是为人处世的准则。《论语》有云："人而无信，不知其可也。"西汉刘向在《说苑》中说："水倍源则川竭，人倍信则名不达。"诚信也是齐家之道，唐代《群书治要》云："夫妇有恩矣，不诚则离。"诚信还是交友之基，只有在与朋友交往中做到"言而有信"，才能取得朋友的信任，真正的朋友关系是建立在诚信基础上的。当然诚信也是管理之法，无论是企业还是国家，都离不开诚信。

对于一个企业，诚信是立业之本。企业无论是大是小，都必须做到诚信和守法，一个企业不重诚信、不守规则，就会失去众人和社会的信任与支持并最终灭亡。管子说："是故非诚贾不得食于贾，非诚工不得食于工，非诚农不得食于农，非信士不得立于朝。"[①]可见各行各业都必须坚守诚信才能立足。宋代大儒张载说："不诚则无物，故须行实事。"[②]意味着一个人不诚信，将一事无成。

对于一个国家，诚信是立国之本。自古就有"得民心者得天下，失民心者失天下"的说法。所以，诚信就是取信于民。《论语》："子贡问政。子曰：'足食，足兵，民信之矣。'子贡曰：'必不得已而去，于斯三者何先？'曰：'去兵。'子贡曰：'必不得已而去，于斯二者何先？'曰：'去食。自古皆有死，民无信不立。'"孟子曰："民为贵，社稷次之，君为轻。"荀子曰："君者，舟也；庶人者，水也。水则载舟，水则覆舟。"[③]《左传》云："信，国之宝也，民之所庇也。"诚信是治国的法宝，如果人民不信任统治者，国家朝政就立不住脚。"君上为尊矣，不诚则卑。"[④]君主处于尊贵的地位，不真诚就会受到鄙视。因此，统治者必须"取信于民"。王安石也认为："自古驱民在信诚，一言为重百金轻。"[⑤]

周敦颐说："圣，诚而已矣。诚，五常之本，百行之源也。"[⑥]这句话的意思是，圣人只不过是讲究诚罢了。诚是仁、义、礼、智、信五常的根本，是一切行为的源头。所以，无论是个人、家庭、企业、国家乃至整个民族，都必须讲诚信才能生存、发展、兴旺、发达。

---

① [春秋] 管仲《管子·乘马》。

② [宋] 张载《张子全书》卷十二。

③ [战国] 荀子《荀子·王制》。

④ [战国] 荀子《荀子·不苟》。

⑤ [宋] 王安石《商鞅》。

⑥ [宋] 周敦颐《通书·诚下》。

卷六　忠

“忠”包括尽心尽力、忠贞不二、坚守正道、忠诚精神、奉献精神、爱国精神、敬业精神等含义。“忠”的对象是国家、民族，是正义事业，而不是有权势的个人。爱国精神是指热爱祖国的人民、土地、文化并为之奉献的精神，是当代中国需要大力倡导的精神。在历史上，有荀子的“苟利社稷，不求富贵”，有宋代范仲淹的“先天下忧而忧，后天下乐而乐”，有岳飞的“精忠报国”，有顾炎武的“天下兴亡，匹夫有责”，有林则徐的“苟利国家生死以，岂因祸福避趋之”。“忠”的精神在实践中出现的问题是：违背道义的愚忠，对有权势的个人的绝对服从，以及个人崇拜等，对这些现象必须根据仁、义、智、毅的原则进行纠正。倡导“忠”的精神，养成了中华民族忠于祖国、敬业奉献的民族品格。

第一节　忠诚爱国

忠诚爱国就是对祖国的忠诚和热爱。忠诚爱国的内容十分广泛，略举三例如下。

第一，人人以国事为己任，具有强烈的忧国忧民思想。明朝顾炎武说：“天下兴亡，匹夫有责。”[①]宋代诗人陆游写道：“位卑未敢忘忧国，事定犹须待阖棺。”[②]无论地位高下，每一个人都为国家的前途和人民的命运而担忧。欧阳修说：“忧劳可以兴国，逸豫可以亡身。”[③]只有忧患、劳累才可以使国家兴盛，而安逸、舒适可以使自己灭亡。明朝顾宪成撰写的东林书院对联：“风声、雨声、读书声，声声入耳；家事、国事、天下事，事事关心。”成为几百年来无数读书人的座右铭。表明只是读好书对一个读书人来说是不够的，小到家事，大到国家大事，都要去关心。甚至对国家、对民众的忧虑远远高于对自己生死的忧虑。所谓“贤者不悲其身之死，而忧其国之衰”[④]，以及范仲淹所写的名句“先天下之忧而忧，后天下之乐而乐”，都是这种忧国忧民思想的表现。

第二，常怀感恩之心，用扎实的行动报效国家。“一片丹心图报国，千秋青史胜封侯。”[⑤]中国近代铁路工程专家詹天佑说：“各出所学，各尽所知，使国家富强不受外侮，足以自立于地球之上。”[⑥]每个人各自用自己所学到的，各自倾尽自己所知道的来报答国家，让国家富强起来。马融在《忠经·报国章》中告诉我们报效国家有四种途径：一是举荐人才，二是出谋划策，三是为国立功，四是为国兴利。

第三，当国难和危机当头的时候，勇于挺身而出，为国赴难。所谓“捐躯赴国难，视死忽如归。”[⑦]即无条件地把自己的身家性命奉献给国家。清朝政治家林则徐说：“苟利国家生死以，岂因祸福避趋之?”意思是，如果有利于国家，就要奉献生命，岂能为了避免灾难而趋向安乐？南宋抗金名将岳飞也说：“文臣不爱钱，武臣不惜死，天下太平矣。”讲的是慷慨赴难，宁愿牺牲自己也在所不惜的爱国主义精神。这种可贵的精神，使中华民族历经劫难而不衰。

---

①［清］顾炎武《日知录·正始》。

②［宋］陆游《病起书怀》。

③［宋］欧阳修《伶官传序》。

④［宋］苏洵《管仲论》。

⑤［清］陈壁《客丘瑞之聚星楼楼壁有万允康父母顾瑞木社友诗有感吊之用顾原韵愁字》。

⑥徐启恒、李希泌《詹天佑和中国铁路》。

⑦［魏晋］曹植《白马篇》。

第二节 公忠为民

公忠为民一般是指官僚阶层毫无私心地忠于人民、关心人民、爱护人民，为人民负责，为人民谋福利，全心全意为人民服务，时时刻刻把人民的利益放在第一位。主要表现在大公无私、忧民恤民等方面。

“大公无私”是中国传统社会中一种颇具代表性的公共精神，并且始终被视为个体应该拥有的一种高尚品格。《左传·僖公九年》说：“公家之利，知无不为，忠也。”《忠经》说：“忠者，中也，至公无私。天无私，四时行；地无私，万物生；人无私，大亨贞。”可见维护公共利益，维护人民利益，毫无私心就是大公无私的表现，在现实中属于“忠”的规范伦理。汉朝贾谊说：“国尔忘家，公尔忘私，利不苟就，害不苟去，唯义所在。”[①]意思是为了国而忘记家，为了公而忘记私。有利不随便求取，有害不轻易去掉，一切行为要看是不是符合道义。明代薛碹在《读书录》中说：“公则四通八达，私则偏向一隅。”清代黄宗羲《明夷待访录·原君》中也说：“不以一己之利为利，而使天下受其利；不以一己之害为害，而使天下释其害。”说的是不以自己的私利作为利益去追求，而应当使天下人都获得利益；不以自己的害处作为害处去回避，而应当使天下人都消除灾害。

“忧民恤民”就是官僚阶层要忧虑百姓的命运，体恤人民。战国时期楚国诗人屈原忧国忧民，“长叹息以掩涕兮，哀民生之多艰”。唐太宗常常发出“民乐则官苦，官乐则民苦”的感慨。南宋理学家胡宏在《知言》中说：“一身之利无谋也，而利天下者则谋之；一时之利无谋也，而利万世者则谋之。”意思是自己一人的利益不要去考虑，有利于天下的事情就应该多多考虑；一时之间的利益不要去考虑，有利于世世代代的事情就应该好好考虑。所以为政者要有“先天下之忧而忧，后天下之乐而乐”[②]的情怀，心忧天下，心忧百姓，时刻把人民群众的冷暖放在心上。

---

①（［汉］贾谊《新书·阶级》）

②（［宋］范仲淹《岳阳楼记》）

第三节 忠于正道

正道，指我们为人处事时正确的道理和准则。《管子·立政》中说："正道捐弃而邪事日长。"可见忠于正道的重要性。

首先，要探求正道，体证正道。《论语》云："君子谋道不谋食，忧道不忧贫。"屈原说："路漫漫其修远兮，吾将上下而求索。"对于正道的探索，一往无前。"亦余心之所善兮，虽九死其犹未悔。"[①]即使是为之而死，也不后悔。

其次，要坚持正道，践行正道。当今社会，各种诱惑日益增多，忠于正道并非易事。老子说："大德之人不随世俗所行，独从于道也。"[②]孔子说："当仁，不让于师。"[③]坚守正道，不屈从于世俗，即使是面对老师，也不必谦让。对于正道的坚守要有"予独爱莲之出淤泥而不染，濯清涟而不妖"[④]，不与世俗同流合污的孤洁精神。坚持正道就是不向权势屈服，不向恶势力低头，要敢于"违上顺道""逆命而利君"；践行正道就是面对诱惑不动摇，面对困境不逃避，面对压迫的时候勇于反抗。"君子修道立德，不调穷困而改节。"[⑤]顾城说："黑夜给了我黑色的眼睛，我却用它来寻找光明。"是啊，在邪恶面前，在黑暗面前，在无所不在的诱惑面前，我们需要用一颗忠心来坚守正道，甚至甘愿以身殉道。如文天祥所言："以身殉道不苟生，道在光明照千古。"

最后，要大力弘扬正道。"人能弘道，非道弘人。"[⑥]孔子告诉我们人能够把道发扬光大，不是道能把人发扬光人。老子说："上士闻道，勤而行之；中士闻道，若存若亡；下士闻道，大笑之。不笑不足以为道。"[⑦]我们无疑要做上等人，闻知大道，努力践行。

---

① ［先秦］屈原《离骚》。

② ［春秋］老子《老子》第二十一章"河上公注"。

③［春秋］孔子《论语·卫灵公》。

④［宋］周敦颐《爱莲说》。

⑤［宋］李昉《太平御览》卷五十七。

⑥［春秋］孔子《论语·卫灵公》。

⑦［春秋］老子《老子》第四十一章。

第四节 忠于职责

忠于职责是指忠诚地对待本职角色，一丝不苟地完成应尽的责任。忠于职责主要强调两个方面。

第一，德能配位。据《易经·系辞下》记载，孔子说："德薄而位尊，知小而谋大，力小而任重，鲜不及矣。"说的是德薄而位尊、智小而谋大、力小而任重这三种情况会给自己带来很大的灾祸。王符《潜夫论·忠贵》中也说："德不称其任，其祸必酷；能不称其位，其殃必大。"所以想要成功的人，一定要切记，当自己德行不够、智慧不够、能力不够时，不要急于升迁，特别是不能担当大任。《礼记》认为："居其位无其言，君子耻之。"《幼学琼林》中说："无功食禄，谓之尸位素餐；谫劣无能，谓之行尸走肉。"意思是，没有功劳却获取俸禄，这就叫尸位素餐；浅薄无能，这就叫行尸走肉。

第二，尽职尽责。要忠实于服务主体，忠实于社会公众，忠实于国家，忠实于道义。梁启超在《呵旁观者文》中说："一家之人各各自放弃其责任，则家必落；一国之人各各自放弃其责任，则国必亡；全世界人人各各自放弃其责任，则世界必毁。"南宋思想家叶适在《赠薛子长》中写道："读书不知接统绪，虽多无益也。为文不能关教事，虽工无益也。笃行而不合于大义，虽高无益也。立志不存于忧世，虽仁无益也。"所以忠于职责，一定要"论则考之以心，效之以事"[①]，用心加以思考，用事实加以检验。

---

①［汉］王充《论衡·对作》。

第五节　敬业精业

敬业精业是中华民族的传统美德，是一种基于热爱和崇敬而对工作、对事业全身心忘我投入的精神境界，其本质就是无私奉献的精神。早在春秋时期，孔子就说过“执事敬”“事思敬”“修己以敬”等话。他主张人在一生中要始终勤奋、刻苦，为事业尽心尽力。要做到敬业精业，主要包括以下三个方面。

业以载道。我们在选择职业或事业时，一定要以正义和道义为衡量的标准。注重以义致利，不以利害义。并且敬业的第一个特征应该是“德业双修”。一个道德高尚的人才能事业成功、事业长久，反之则是自毁事业。如《左传》所言“有事而无业，事则不经”。“善在那里，自家却去行他。行之久，则与自家为一；为一，则得之在我。”[①]意思是，善的事物在那个地方，自己要去践行它。践行的时间一久，则善的事物与自己就合而为一。合而为一，就得到了善。明代王迁相在《慎言·见闻篇》中也说：“学者于道，贵精心以察之，验诸天人，参之事会，务得其实而行之。”意思是学习者对于道，贵在精心去体察它，在天与人之间验证它，参与事事物物之中，必须真实地践行它。这些话都是告诉我们“立业”应以“道义”为出发点，并在事业中体现“道义”，最终实现“德业双修”的目标。

尽心尽力。“敬业者，专心致志，以事其业也。”[②]朱熹还说：“忠，是要尽自家这个心。”[③]意思是敬业就应该费尽心思，使出全力，全身心地投入工作中，这是一种很高的职业境界。《荀子》说：“凡百事之成也必在敬之，其败也必在慢之。”明朝理学家胡居仁在《居业录·学问》中也说：“心粗最害事，心粗者，敬未至也。”如果对待事业没有恭敬心，不尽力，怠慢疏忽，事业就会失败，没有成就。可见尽心尽力是所有从业者都应遵循的道德原则。“心尽则职亦尽，自无愧怍于己。”[④]意为尽心去做，则尽忠职守，自然自己就不会惭愧。“尽心尽力”不分职业，不分等级，南宋思想家叶适说：“既为之君，则有君职，舜禹未尝不勤心苦力以奉其民，非为民赐也，惧失其职耳。”[5]即使贵为君王，如舜、禹，都担心失职而勤心苦力地服务人民。

业以济世。中国传统“敬业”往往与“乐群”连并使用。所谓“己欲立而立人，己欲达而达人”[6]，更有进一步生发出的心系天下的情怀，孟子说：“如欲平治天下，当今之世，舍我其谁也?”[7]张载说：“为天地立心，为生民立命，为往圣继绝学，为万世开太平。”[8]这一份责任担当源于“业以济世”的社会理想。“君子安而不忘危，存而不忘亡，治而不忘乱，是以身安而国家可保也。”[9]意思是君子处于安全之中，不忘记有危险；生存之时，不忘记会灭亡；平安之时，不忘记有祸乱，所以自身安全和国家可以得到保护。因此，我们说的“敬业”不仅要“独善其身”，更重要的是能“达济天下”。

---

① [宋] 黎靖德《朱子语类》卷十三。

② [宋] 朱熹《礼记·学记》注解。

③ [宋] 黎靖德《朱子语类》卷六。

④ [清] 石成金《传家宝》三集卷二《群珠》。

⑤ [宋] 叶适《习学记言·孟子》卷十四。

⑥ [春秋] 孔子《论语·雍也》。

⑦ [战国] 孟子《孟子·公孙丑下》。

⑧ [宋] 张载《张子语录·中》。

⑨《周易·系辞下》)

第六节 忠恕之道

所谓忠恕之道，即为忠道和恕道。曾子曰：“夫子之道，忠恕而已矣。”[①]忠恕是孔子一以贯之的思想，是求仁之道，行仁之方。

关于忠，朱熹在《朱子语类》中说：“忠，是要尽自家这个心。”忠即发自内心，竭诚无私，尽心尽力。“诚心以为人谋谓之忠。”[②]忠就是尽己之心以待人。子曰：“己欲立而立人，己欲达而达人。”也就是在成就自己的人格修养之时，也用仁爱之心去成就别人；在自己有所作为的同时，也尽心帮助他人同样有所作为，这就是以待人处事的忠心。首先是忠人，就是以真诚之心待人待己，不虚伪不做作。《礼记·礼器》说：“忠信，礼之本也。”孔颖达疏：“忠者，内尽于心也。信者，外不欺物。”其次是忠事，为人处事忠诚守信，尽心竭力。吕坤《呻吟语·修身》中说：“一物失所，不遑安席，一事失理，不遑安食。”意思是一件事情没有处理妥当，自己就惶惶不安，不能安睡；一件事情丧失义理，自己就惶惶不安，不能安心用餐。“心尽则职亦尽，自无愧怍于己。”[③]以及我们常说的：“鞠躬尽瘁，死而后已。”这都是忠于事的表现。

关于“恕”，贾谊说：“以己量人谓之恕。”[④]恕，如心也，他人之心，如己之心。也就是将心比心，推己及人。子曰：“己所不欲，勿施于人。”[⑤]意思是自己不愿意做的事情，不要强加给别人，自己不愿意被人伤害，也就不去伤害别人。就是以自己的一颗仁爱之心，体谅他人的不当之处，宽以待人。陈淳《北溪字义·忠恕》说：“恕是就待人接物说，只是推己心之所真实者以及人物而已。”讲的是，恕就是在待人接物上，将自己真实的善心推及至他人，推及至万物。

可见“忠恕之道”作为儒家处理自我与他人关系的伦理准则，它包括如何对待自己和如何对待他人两个层面的相互贯通。忠是从自己的角度，无论对人对事都要尽心尽力；恕是向外的待人接物，设身处地为他人考虑，成全他人。这样我们就会进入仁的境界。

---

①［春秋］孔子《论语·里仁》。

②［唐］杨倞《荀子·礼论注》。

③［清］石成金《传家宝》三集卷二《群珠》。

④［汉］贾谊《新书·道术》。

⑤［春秋］孔子《论语·卫灵公》。

第七节　忠诚不渝

忠诚，是指对发誓效忠的对象（国家、人民、事业、上级、朋友、爱人、亲人等）真心诚意、尽心尽力、没有二心。所谓忠诚不渝，是指这种忠诚很坚定，永不改变。正如《诗经》云："我心匪石，不可转也。我心匪席，不可卷也。"

荀子说："忠诚盛于内，贲于外，形于四海。"[①]国家有了忠诚，才会繁荣昌盛；团队有了忠诚，才会团结奋进；事业有了忠诚，才会获得成功；家庭有了忠诚，才会父子有亲，夫妻和睦，其乐融融；朋友有了忠诚，才会亲如手足，生死与共。

忠诚是相互的，只有自己做到忠诚，才能获得忠诚。"忠也者，一其心之谓矣。"[②]忠，是要自己做到心力专一。《论语》说："君子周而不比，小人比而不周。"[③]宋代文学家欧阳修也说："君子以同道为朋，小人以同利为朋。"忠诚是以道义为前提，不是以利益为考量。所谓"贫贱之知不可忘，糟糠之妻不下堂。"[④]贫贱时结交的朋友不可忘，患难与共的妻子怎可抛弃。《礼记·表记》云："故君子之接如水，小人之接如醴；君子淡以成，小人甘以坏。"

没有忠诚，就意味着背叛，我们将一事无成。"仁而不忠，则私其恩；智而不忠，则文其诈；勇而不忠，则易其乱，是虽有其能，以不忠而败也。"[⑤]忠诚的核心就是忠于道义和自己的良心。唐代诗人李商隐说："春蚕到死丝方尽，蜡炬成灰泪始干。"忠诚不渝的品质是一个人安身立命的根本。

---

①［战国］荀子《荀子·尧问》。

②［汉］马融《忠经·天地神明》。

③［春秋］孔子《论语·为政》。

④［宋］范晔《后汉书·宋弘传》。

⑤［汉］马融《忠经·辨忠》。

第八节　珍惜时光

光阴易逝，生命短暂，人生如白驹过隙。孔子曾经感叹：“逝者如斯夫，不舍昼夜。”[①]人必须忠于自己，遵从自己的心灵和良知，不应为了谋生而让有限的生命无意义地浪费，而应追求更有价值的人生。

惜时如金。珍惜时间的观念是传统教育中的一个重要内容，我们常说“一寸光阴一寸金，寸金难买寸光阴”。《明儒学案》里也说：“古人惜阴，一刻千金。一年之间，有许多金子，既不卖人，又不受用，不知放在何处，只是花费无存，可惜。”其实惜时如金不过是一个比喻，告诉我们时间的宝贵。正如西汉时期文学家刘安在《淮南子·原道训》中所言：“故圣人不贵尺之璧，而重寸之阴，时难得而易失也。”金子、宝玉失去还可以再找到，时间是不可逆转、不可再生的，无法延长也不能缩短，无法储存也不能替代，珍惜时间无疑就是珍惜我们有限的生命。

当下努力。如何在有限的生命里，争取有所作为，创造出更大的价值呢？岳飞说：“莫等闲，白了少年头，空悲切。”《乐府诗集·长歌行》也有“少壮不努力，老大徒伤悲”的诗句。都是告诉我们要有时不待我的紧迫感，不等待，不观望，脚踏实地从当下做起，从眼前做起。明代诗人钱福说：“明日复明日，明日何其多？日日待明日，万事成蹉跎。”要敢于战胜自己的惰性，聆听自己内心灵魂的呐喊，忠于自己的良知，当下行动。宋代大儒朱熹的诗句：“少年易老学难成，一寸光阴不可轻。未觉池塘春草梦，阶前梧叶已秋声。”[②]就是对我们最好的勉励。

---

①［春秋］孔子《论语·子罕》。

②［宋］朱熹《偶成》。

卷七　孝

“孝”是最具中华民族特色的精神。中华孝道包含以下含义：赡养父母长辈；敬爱父母长辈；继承父母之志；祭祀祖先，承袭祖先之德；事亲以礼；不自取其辱，不轻生毁已，以免危及父母；从义不从父，从道不从亲。孝道在实践中出现的问题是对长辈的无条件服从，对晚辈的权利与人格的不尊重，尊卑观念严重，男尊女卑现象突出，必须根据仁、义、智、毅的原则对其进行纠正。倡导“孝”的精神，养成了中华民族践行孝道的民族品格。

第一节　赡养父母

对父母尽孝，首先要满足其基本的物质需求，就是所谓的“赡养”，这也是对人的最基本的道德要求。《吕氏春秋·孝行》中说，“赡养”有“养体、养目、养耳、养口、养志”五个层次，“养体”只是第一个层次。

养体、养口是物质方面的赡养。对于物质赡养方面，每个人都可以根据自己的经济条件做出适宜的安排，不一定要以很高的标准来要求。《盐铁论·孝养》云：“善养者不必刍豢也，善供服者不必锦绣也。”[①]善于奉养父母的人，不必每顿饭都有肉吃，不必穿绣有花纹的丝绸衣服，能“以己之所有，尽事其亲”，就算是最孝敬的了。《孝经·庶人》中说：“用天之道，分地之利，谨身节用，以养父母。此庶人之孝也。”《礼记》也说“啜菽，饮水，尽其欢，斯之谓孝。敛首、足、形，还葬而无椁，称其财，斯之谓礼。”一般平民百姓，辛勤劳动，自食其力，就合乎礼的要求，即使粗茶淡饭，也能充分表达对父母的孝敬。关键要做到“事父母，能竭其力”[②]。

孟子认为有“五不孝”的评价标准：“惰其四支，不顾父母之养，一不孝也；博弈好饮酒，不顾父母之养，二不孝也；好货财，私妻子，不顾父母之养，三不孝也；从耳目之欲，以为父母戮，四不孝也；好勇斗很，以危父母，五不孝也。”[③]以上主要都是自身原因导致无法赡养父母。

---

① ［汉］桓宽《盐铁论·孝养》。

② ［春秋］孔子《论语·学而》。

③ ［战国］孟子《孟子·离娄下》。

第二节 爱敬父母

曾子曰，“孝有三：大孝尊亲，其次弗辱，其下能养”[①]。对父母的孝不只是“养父母之身”，还要“养父母之心”，即在赡养父母的同时还要尊敬父母，关心和满足父母的精神需求。

孔子说：“今之孝者，是谓能养。至于犬马，皆能有养，不敬，何以别乎?”[②]意思是说，现在所谓的孝道，是能够养活父母就行了，而犬马老了也能够得到饲养。如果对父母缺乏敬爱之心，拿什么去区别人与牲畜呢？也就是说仅仅让父母吃饱穿暖还不算真正意义上的孝，对父母“爱”和“敬”才能算得上是孝。真正孝敬父母的孝子，脸上总是表现出发自内心的悦色，和气而诚恳，不会使脸色，更不会恶语相向。始终把父母的意愿放在第一位。要时时做到这一点是不容易的，所以孔子说“色难”。《礼记》也说：“养可能也，敬为难。”

爱敬父母，还要以礼待父母。《礼记》进一步说：“安为难。安可能也，卒为难。父母既没，慎行其身，不遗父母恶名，可谓能终矣。”这正如《论语》所言：“生，事之以礼；死，葬之以礼，祭之以礼。”“礼”体现一个人的基本素养。要做到孝，就要以礼对待父母，不跨越礼的界限，不对父母无礼，方能体现对父母的尊重，保障父母的尊严。特别是今天，我们的生活水平日益提高，很多人的孝道却简化为银行卡，保健品，空荡荡的房子，甚至节假日都没时间“常回家看看”。殊不知父母对物资的需求是很低的，更期盼的是“亲情”，渴望得到子女的关心、关怀和问候。因此，孔子进一步提出“事亲”的要求，“居则致其敬，养则致其乐，病则致其忧，丧则致其哀，祭则致其严”[③]。这五个方面做好了，才是真正的孝敬。

---

① [汉] 戴圣《礼记·祭义》。

② [春秋] 孔子《论语·为政》。

③ [春秋] 孔子《孝经·纪孝行》。

第三节 孝养心志

汉代桓宽在《盐铁论·孝养》中说:“上孝养志，其次养色，其次养体。”告诉我们第一等的孝是继承发扬父母的志向。

观其志。孔子说:“父在，观其志。”意思是，要观察、发现、感受父母的价值追求，了解父母本身的志向以及自我实现的愿望。尊重父母，给父母自由的空间，发现父母行为的合理成分，对父母的合理行为进行坚持和发扬。

承其志。“继父志，扬祖德，此诚孝子顺孙之道也。”[①]《礼记·中庸》说:“夫孝者，善继人之志，善述人之事者也。”继承父母的志向，弘扬祖先的道德，承续先人的事业，这才是真孝。

养其志。孔子说:“父在，观其志；父没，观其行；三年无改于父之道，可谓孝矣。”[②]长期坚持不改变父母的正道和对自己的期许，用我们自己的德行和成就去奉献社会。让所有人感受到我们自己取得这样的成就，是父母对自己养育教诲的结果，让父母觉得光荣，感到欣慰，这就是光宗耀祖了。“孝子之养老也，乐其心，不违其志。”[③]孝子的养老，让父母的心情快乐，不违背父母的意志，做到这些就是上孝、大孝。

---

① [唐] 白居易《白氏长庆集》卷四十一《碑碣》。

② [春秋] 孔子《论语·学而》。

③ [汉] 戴圣《礼记·内则》。

第四节　安身立命

安身就是照顾好自己的身体，立命就是照顾好自己的心性。安身立命是指生活有着落，精神有所寄托。一个人能做到自尊自爱、修身养性以奉天命，这是对父母的孝。

第一，爱惜身命。孝敬父母的第一件事情就是要保护好自己的身体，珍惜自己的生命，使之不要受到损坏或伤害。《孝经》中："身体发肤，受之父母，不敢毁伤，孝之始也。"古人认为身体并不是自己的，"身也者，父母之遗体也"，自身是父母身体的一部分。既然是父母的身体，当然要保护好，不然就是大不孝。因此，作为子女，首先要学会爱惜自己，珍视自己。如果连自己都照顾不好，又怎么有能力照顾好父母，尽孝道呢？曾子曰："父母生之，子弗敢杀；父母置之，子弗敢废；父母全之，子弗敢阙。故舟而不游，道而不径，能全支体，以守宗庙；可谓孝矣。"[①]这告诫我们要爱惜生命，自杀是大不孝的，自暴自弃、自虐自残也是违背孝道的，要时时注意安全，防止意外事故的发生。

第二，爱惜名誉。《大戴礼记》云："故君子一举足不敢忘父母，一出言不敢忘父母。"君子的一言一行都时时刻刻记着父母，一言一行都想着给父母带来荣耀。"不辱其身，不忧其亲，则可谓孝矣。"[②]不辱没自身，不让父母为自己感到羞耻，就可以叫作孝了。因此，孝敬父母要爱惜自己的名节，不做违背公序良俗的事，不做违法乱纪的事。在特定情况下，仁义高于孝道，名誉高于生命。《颜氏家训》说，"夫生不可不惜，不可苟惜"，需要做出牺牲时，可以"丧身以全家，泯躯而济国"[③]。这正是孔孟主张的"舍生取义""杀身成仁"。

---

①［战国］吕不韦《吕氏春秋·孝行》。

②［汉］戴德《大戴礼记·曾子大孝》。

③［南北朝］颜之推《颜氏家训·养生》。

第五节 立身行道

立身行道就是修养自身，奉行道义，成就一番事业。《孝经》云：“立身行道，扬名于后世，以显父母，孝之终也。”意思是为人处世能行正道，使自己扬名后世，从而使父母荣耀，这是孝的高级境界。

首先要修身，谨言慎行，不因为自己的错误而让父母蒙羞。唐明皇注《孝经》云：“天子虽无上于天下，犹脩持其身，谨慎其行，恐辱先祖，而毁盛业也。”即便是贵为天子，仍然修养自身，行为谨慎，唯恐辱没祖先，毁坏伟大事业。《礼记》也说：“父母虽没，将为善，思贻父母令名，必果；将为不善，思贻父母羞辱，必不果。”要是能给父母带来好名声，做善事一定会努力完成，绝不半途而废。如果做的是坏事，想到这会让父母蒙羞，那就一定不去做。

然后要立志，奉行道义，建功立业，能“光宗耀祖”。《孝经》说，“夫孝，始于事亲，中于事君，终于立身”，说的是孝的全过程，首先要孝敬好父母，“中于事君”就是为国家、为民族服务，“终于立身”就是为国家、为民族做出自己的贡献。《左传》曰：“太上有立德，其次有立功，其次有立言，虽久不废，此之谓不朽。”这是立身行道，实现人生价值的终极目标，做到这三不朽，必会“扬名于后世”。

第六节 以道谏诤

人非圣贤，孰能无过？我们的父母也不是圣贤，说话、做事也会有所偏颇，甚至会犯错误。这时候做子女的应该委婉地劝谏父母，孝养父母的智慧，维护与挽救他们的尊严和声誉。那么如何谏亲呢？儒家做出了较为详细的解答。

委婉劝谏。《礼记·内则》记载：“父母有过，下气怡色，柔声以谏。谏若不入，起敬起孝，悦则复谏。”意思是父母有过错，晚辈就应该用谦恭的语气、和悦的脸色、轻柔的声音来进行劝说。如果父母不听劝说，就尊重他们，孝敬他们，等父母心情好时或想出更充分的理由时再进行劝说。这里强调的是一定要保持谦恭之态，柔声进谏，如果父母不听还要在做好孝敬父母的同时反复进谏直至说服。

劳而无怨。子女反复对父母进行委婉的劝告，可是父母仍然听不进去，怎么办？孔子说：“事父母几谏。见志不从，又敬不违，劳而不怨。”① 孔子认为，子女虽然“几谏”了，父母仍一意孤行、不听劝解，子女也要“敬不违”，还得为父母“劳而无怨”，不应当生出怨恨的心思。甚至到了“父母怒，不说而挞之流血”之时，仍然“不敢疾怨，起敬起孝”②。

反求诸己。《大戴礼记·曾子事父母》中载：“谏而不用，行之如由己。”当谏而无效时，子女应退一步，反省是不是自己有什么过错，或者是方式不恰当。

事亲有隐。荀子在《礼记·植弓上》中曰：“事亲有隐而无犯。”孔子也说：“父为子隐，子为父隐，直在其中矣。”③注意在劝谏的过程中，对外人要替父母有所隐瞒。如果被外人知晓父母品德的缺失，就会使父母背上不义之骂名，这就违背了谏亲的本义。

遵循正道。“从道不从君，从义不从父，人之大行也。”④意思是遵从道义而不一味顺从君王，遵从道义而不一味顺从父母，是最大的德行。可见道义是价值评判标准的第一位。《孟子》认为：“事谓阿意曲从，陷亲不义，一不孝也。”如果无原则地迎合顺从，使亲人陷入不义之地，这是第一种不孝。所以《孝经》说：“父有争子，则身不陷于不义。”《大戴礼记》云：“父母之行若中道，则从；若不中道，则谏。”是“顺亲”还是“谏亲”，只看是否合乎正道。

---

①［春秋］孔子《论语·里仁》。

②［汉］戴圣《礼记·内则》。

③［春秋］孔子《论语·子路》。

④［战国］荀子《荀子·子道》。

第七节　以礼事亲

儒家认为孝的核心和根本标准是礼。《论语》中记载："子曰：'生，事之以礼；死，葬之以礼，祭之以礼。'"孝不仅包括父母生前的行为表现，还包括对父母死后的行为表现。

葬之以礼。父母丧亡是人生最悲痛的事，儒家认为通过一定的礼仪形式表达为人子女精神的寄托和哀戚之情，是孝的表现。但儒家反对薄生厚葬，对只讲究物质层面持批判的态度。孔子说："礼，与其奢也，宁俭；丧，与其易也，宁戚。"[①]孔子更多强调的是丧葬时心里是否具有真诚的悲哀之情。"为礼不敬，临丧不哀，吾何以观之哉。"[②]孔子对行礼的时候不恭敬，遇丧事时不悲伤哀痛的行为，是看不下去的。

祭之以礼。《弟子规》中："事死者，如事生。"《大戴礼记·盛德》也说："丧祭之礼所以教仁爱也。致爱故能致丧祭，春秋祭祀之不绝，致思慕之心也。"祭祀的主要功效是教化人民有仁爱之心，显扬孝道、祈求福佑，感念父母慈悲恩德，表达思念之情。曾子曰："慎终追远，民德归厚矣。"[③]通过对死者虔诚地追忆来实现孝道，实际上等于在延续后者的生命。"是故人道亲亲也。亲亲故尊祖，尊祖故敬宗，敬宗故收族，收族故宗庙严，宗庙严故重社稷，重社稷故爱百姓。"[④]因为这种至诚的孝敬之心，必会精进修身立业以弥补孝行，以此告慰先辈的在天之灵。

---

① [春秋] 孔子《论语·八佾》。

② [春秋] 孔子《论语·八佾》。

③ [春秋] 孔子《论语·学而》。

④ [汉] 戴圣《礼记·大传》。

第八节 真诚行孝

《盐铁论·孝养》中说："孝在于质实，不在于饰貌。"《庄子》里也说："真者，精诚之至也。不精不诚，不能动人……其用于人理也，事亲则慈孝。"说的都是孝敬父母需要真诚的爱心与敬意，质朴实在的作为，而不是追求一些表面上的花哨形式。

首先，孝源于内心的至诚。《孝经·纪孝行》云："孝子之事亲也，居则致其敬，养则致其乐，病则致其忧，丧则致其哀，祭则致其严。"意思是说，孝子对待父母，平时要表现得恭敬，赡养父母要表现得愉快，父母生病时要表现得很担忧，父母去世要表现得很悲哀，祭祀父母要表现得很庄重。关于"丧则致其哀"，《孝经·丧亲章》进一步说："孝子之丧亲也，哭不偯，礼无容，言不文，服美不安，闻乐不乐，食旨不甘，此哀戚之情也。"这些孝敬父母情感的表达，如果没有真诚之心，就徒具形式，失去孝道的意义。

其次，有内在的孝心，又有外在的孝行，才是真孝。如《礼记·祭义》所言："孝子之有深爱者必有和气，有和气者必有愉色，有愉色者必有婉容。"正是因为孝子对父母有深深的爱，才会有温和、喜悦的脸色以及柔顺的容颜。《二程遗书》说："且如欲为孝，不成只守着一个孝字。须是知所以孝之道，所以侍奉当如何，温凊当如何，然后能尽孝道也。"讲的是孝敬父母不是空守着一个孝字，必须知道怎样做才是践行孝道，怎样侍奉父母，怎样让父母感到温暖清爽，有了实际行动才是尽孝。

最后，还要注意分辨真孝假孝。没有真诚的孝行，是假孝，是作秀。一些人为了虚荣心，为了面子，怕别人笑话而表演孝敬父母的样子给别人看，这是虚伪的表现，也许假孝暂时不被看出来，但瞒不过天理。朱熹曾批评这种行为说："不诚，是不曾实有此心。如事亲以孝，须是实有这孝之心。若外面假为孝之事，里面却无孝之心，便是不诚矣。"[①]

只是心里想想要孝敬父母，或是口头上天天讲孝，从来看不到其真正的尽孝行动，这也是假孝。朱子说："若徒知这个道理，至于事亲之际，为私欲所汩，不能尽其孝。"[②]意思是，如果只是知道这个道理，却在侍奉亲人之时，被自己的私欲所淹没，就不能尽孝了。阳明先生也说："如言学孝，则必服劳奉养，躬行孝道，然后谓之学。岂徒悬空口耳讲说，而遂可以谓之学孝乎？"[③]意思是学习孝道，就必须是辛劳奉养父母，亲身力行孝道，然后才可以说是学习孝道。难道仅仅是空洞地用嘴巴讲讲，用耳朵听听，就可以叫作学习孝道吗？

---

① ［宋］黎靖德《朱子语类》卷六十四。

② ［宋］黎靖德《朱子语类》卷十四。

③ ［明］王守仁《王文成全书·传习录中·答顾东桥书》。

第九节 父慈子孝

"父慈子孝"体现了父母与子女之间无私的亲情之爱。它涵盖了长辈应该关心爱护晚辈以尽慈道，晚辈应该孝敬赡养长辈以尽孝道。《礼记·大学》云："为人子止于孝，为人父止于慈。""父慈子孝"作为中国传统文化的优良传统，是我们应该继承和发扬的。

父母尽慈。古人认为"上爱下曰慈"，这里主要指父母对子女应尽的义务。具体说，就是父母对子女担负着生养和教育两大责任。《心地观经》这样赞美父母之慈："慈父之恩，高如山王；悲母之恩，深似大海。"慈爱是父母的本能，可是父母如何做到慈爱，还要讲究方式方法，《朱子治家格言》说："教子要有义方。"一是既要养孩子身体，也要养孩子心性和习惯；二是既要教孩子文化知识，更要教孩子学会做人。特别是要以身作则，注重身教，学习和践行传统文化。父母有慈爱之心，仁善之行，自然会培养出具有仁爱之心的子女去服务社会、报效祖国，这才是真正的"慈"。最后还要注意慈不离道，慈爱不是溺爱，并且不能打骂子女。"父母暴而无恩则子妇不亲。"[①]《左传·昭公二十六年》说："父慈子孝，礼也。"父慈子孝，要保持应有的敬重和礼节，不是一味让子女听从自己就是孝，而是在尊重彼此所处地位的前提下，承担自己的责任，履行相应的义务。

子女尽孝。《诗经·小雅·蓼莪》写道："父兮生我，母兮鞠我。抚我畜我，长我育我。顾我复我，出入腹我。欲报之德，昊天罔极！"父母对子女有生之恩与养之恩，爱之恩与教之恩。子女报答父母恩情，孝养父母，可谓天经地义。这是为人子女的义务，也是父母的权利，是一种基本道德，是社会道德的基础。因此，父母即便不仁慈，子女也仍然要尽孝道。

---

① ［战国］管仲《管子·形势解第六十四》。

第十节　由孝立德

"夫孝，德之本也，教之所由生也。"在孔子看来，孝道就是德行的根本，教化的出发点。曾子曰："夫仁者，仁此者也；义者，宜此者也；忠者，中此者也；信者，信此者也；礼者，体此者也；行者，行此者也；强者，强此者也。"[①]践行孝道可以通达"仁、义、忠、信、礼、行、强"等诸德，孝是一切德行的基础。所以孔子说："夫孝，天之经也，地之义也，民之行也。"[②]孝道是天经地义的，是人类最根本的品行。

孝是为仁之本，即孝是仁德的基础。子曰："爱亲者，不敢恶于人；敬亲者，不敢慢于人。"[③]朱熹说："仁如水之源，孝弟是水流底第一坎，仁民是第二坎，爱物则三坎也。"[④]意思是首先是对父母亲人的爱心，然后爱心超越家族的界线，扩大到天下所有的人，最后将此爱心扩大到自然万物。

孝无违于礼，孝道与礼是相互融会贯通的，说话办事不明礼，就是不懂得如何行孝道。因此孔子说："教民亲爱，莫善于孝。教民礼顺，莫善于悌。移风易俗，莫善于乐。安上治民，莫善于礼。"[⑤]

孝要以诚敬之心对待父母，无违于"忠"。《礼记》云："君子反古复始，不忘其所由生也。是以致其敬，发其情，竭力从事，以报其亲，不敢弗尽也。"意思是，君子返回到祖先那里，不忘记自己从何而来。所以献上自己的恭敬，抒发自己的感情，竭尽全力回报自己的亲人，不敢不尽心尽力。

由上，孝道从家庭私德逐渐扩展到国家和社会，演变成一种社会公德。实践孝道的同时兼及仁、义、忠、信等德行的修养。《孝经·感应》云："孝悌之至，通于神明，光于四海，无所不通。"

---

①［汉］戴德《大戴礼记·曾子大孝》。

②［春秋］孔子《孝经·三才》。

③［春秋］孔子《孝经·天子》。

④［宋］黎靖德《朱子语类》卷二十。

⑤［春秋］孔子《孝经·广至道》。

第十一节 忠孝一体

中国自古“家国同构”“忠孝一体”。国由家组成，家是国的缩小，国是家的放大。同理，忠是孝的升华，孝是忠的基础。不忠焉能孝，不孝焉能忠？忠臣自古出孝门，不孝之家亦难出忠良。

忠孝内涵一致，都必须做到内心的“诚”与“敬”。“忠者，其孝之本与！”[①]父母是我们生命的来源，行孝是对父母养育之恩的感激之情。《忠经》云：“夫惟孝者，必贵于忠。忠苟不行，所率犹非其道。”也就是行孝必须忠。朱熹说，“君臣父子皆定分也”[②]，“尽己之谓忠”[③]。忠和孝都是天理，忠孝都是要尽心尽力地做人做事以尽自己的本分。孝是忠的表现形式，是对父母的“尽忠”，忠是孝的延伸，是将敬奉父母的行为态度转移到对君主、对国家、对正义事业上，即“移孝作忠”。《礼记·祭统》云：“忠臣以事其君，孝子以事其亲，其本一也。”

忠孝目标一致，都是践行道义，实现仁德善行。《论语·学而》云：“其为人也孝弟，而好犯上者，鲜矣。不好犯上，而好作乱者，未之有也。君子务本，本立而道生。孝弟也者，其为仁之本与！”程颢说：“父子君臣，天下之定理，无所逃于天地之间。”[④]忠孝是一个人的立身之本，是传家之本，也是立国之本，修身、齐家、治国、平天下都是在忠孝的基础之上的。《文昌孝经·辨孝章》说：“孝治一身，一身斯立；孝治一家，一家斯顺；孝治一国，一国斯仁；孝治天下，天下斯升；孝事天地，天地斯成。”

在忠孝的实践中，难免会出现忠孝冲突的情况。《二程集》说：“古人谓忠孝不两全，恩义有相夺，非至论也。忠孝，恩义，一理也。不忠则非孝，无恩则无义，并行而不相悖。故或捐亲以尽节，或舍君而全孝，惟所当而已。”具体是舍孝取忠，还是舍忠取孝，或是重孝轻忠，或是重忠轻孝，如何做到“惟所当”？通常情况下，儒家会遵循“仁义”和“中庸”的原则，采用“经权”的方法来处理。

① ［汉］戴德《大戴礼记·曾子本孝》。

② ［宋］黎靖德《朱子语类》卷六十三。

③ ［宋］朱熹《四书章句集注·中庸章句》。

④ ［宋］程颢、程颐《二程集·河南程氏遗书》卷五。

第十二节 感恩报恩

感恩报恩是中华民族的传统美德。“滴水之恩，涌泉相报”“投我以桃，报之以李”是每个中国人从小就耳濡目染的道德教养。感恩报恩是发自内心的道德情感和行为，儒家的“亲亲而仁民，仁民而爱物”中，感恩的对象就是从孝敬父母、亲爱亲人扩大到百姓和万物众生。

首先要知恩。《孝经》说：“身体发肤，受之父母。”父母给予我们生命，这是最大的恩惠，作为子女一定要感知父母的养育之恩，还要感知亲人朋友的帮助之恩，感知老师的教诲之恩，感知国家的护佑之恩，以及大自然的无私给予之恩。人要知恩，就一定不要忘记曾经得到过的恩惠，不要把这些关照视为应该如此而心安理得。要始终心存感激，用良善之心去感知世上的光明和温暖。佛经云：“知恩者，虽在生死，善根不坏；不知恩者，善根断灭。”[①]一个不知恩的人，他心中善良的理念已经泯灭了，一个忘恩负义之徒自然也不会感恩报恩了。

其次要感恩。“感恩”是指对他人恩情心存感激的表示，以及不忘他人恩情并萦绕心间的情感。《太平御览》中说：“施人慎勿念，受施慎勿忘。”曾国藩也说：“君子不轻受人恩，受则难忘。”[②]一些家庭的厅堂中间悬挂着“天地君亲师”的牌位，就是感恩的表现。每天提醒自己要感恩天地自然，感恩国家，感恩父母亲人，感恩老师。感恩比知恩的情感更加炽烈深沉。也许无以为报，但所受恩惠的点点滴滴永铭于心，溢于言表。

最后要报恩。“报恩”是用自己的行动回报他人恩惠，是“感恩”的最终实现。《弟子规》讲：“恩欲报，怨欲忘；报怨短，报恩长。”孟郊《游子吟》诗中写道：“慈母手中线，游子身上衣。临行密密缝，意恐迟迟归。谁言寸草心，报得三春晖？”不一定有多大实力才去报恩，真诚的感谢，对父母点滴的孝行，对他人的关心或微不足道的帮助，都是报恩的表现。关于报恩，我们还要记住儒家的原则，即受恩者要“知恩图报”，施恩者却要“施恩不求报”，这才是君子所为。

---

①《大方广如来不思议境界经》。

②［清］曾国藩《曾国藩语录》。

卷八　廉

“廉”包括朴素精神、节俭精神、廉洁精神、律己精神、羞耻之心等。《尚书·大禹谟》讲“克勤于邦，克俭于家”，《墨子·辞过》讲“俭节由昌，淫逸则亡”。物质欲望的膨胀是当代社会的顽症，贪污腐败是政治生活的大敌，因此，必须大力倡导“廉”的精神。欲望不必完全断除，但需要合理节制。高生产、高消费、高污染、高排放的高碳生活模式很快到了尽头，纵欲主义、享乐主义更不符合中国国情。倡导“廉”的精神，养成了中华民族节俭朴素、廉洁奉公、知耻改过、自律自制的民族品格。

第一节　节欲去贪

儒家对“欲望”有清醒的认知，认为人生而有欲，但不禁欲，也不纵欲，而是倡导节欲。荀子说：“欲虽不可去，求可节也。”[①]欲望虽然不能去除，但却可以节制。《周易》曰：“节，亨，苦节，不可贞。”意思是对于欲望贪念，适度节制，既不放纵无度，又不苛刻失度。朱熹也讲：“存天理，灭人欲。”说的都是节制恶欲，去除贪念。

贪欲害己。晋代嵇康说：“蝎盛则木朽，欲胜则身枯。”[②]《韩非子·解老》认为：“有欲甚，则邪心胜；邪心胜，则事经绝；事经绝，则祸难生。”可见在贪欲的蛊惑下人失去了理智，轻则危害自身健康，重则伤害自己的事业，甚至触犯国家法律。所谓：“乐不可极，极乐成哀；欲不可纵，纵欲成灾。”[③]

贪欲害人。《荀子·礼论》认为：“人生而有欲。欲而不得，则不能无求；求而无度量分界，则不能不争；争则乱，乱则穷。”说的是一个人欲望得不到满足，过于贪婪，就会与人发生争斗；一旦发生争斗，就会引起混乱；一旦有混乱，国家就会陷入困境。可见贪欲不仅害己还会害人，甚至危害社会国家。

贪欲丧德。“人只一念贪私，便销刚为柔，塞智为昏，变恩为惨，染洁为污，坏了一生人品。”[④]《尚书·旅獒》也说：“玩人丧德，玩物丧志。”《庄子·大宗师》所谓：“嗜欲深者，天机浅。”这都是告诫我们贪欲恶欲太多太强，必会丧德败行，甚至身败名裂。

贪欲危害如此之大，那如何去除贪欲呢？一般我们可以采取以“道”制欲、以“礼”节欲、以“心”统欲、以“法”慑欲等方法。比如《论语·为政》中记载：“道之以政，齐之以刑，民免而无耻。道之以德，齐之以礼，有耻且格。”就是通过以“礼”节欲，以“道”制欲，以“法”慑欲的方法去除贪欲。老子说，“不见可欲，使民心不乱”，“见素抱朴，少私寡欲”。[⑤]庄子说：“鹪鹩巢于深林，不过一枝；偃鼠饮河，不过满腹。”[⑥]就是通过修心的方法去除贪欲。“心足则物常有余，心贪则物常不足。”[⑦]心里知足了，人的贪念就没有了。以“心”统欲的方法不仅节制欲望，最终可以实现超越欲望。

---

①［战国］荀子《荀子·正名》。

②［晋］嵇康《嵇中散集·答难养生论》。

③［唐］吴兢《贞观政要·刑法》。

④［明］洪应明《菜根谭》。

⑤［春秋］老子《老子》第十九章。

⑥［战国］庄子《庄子·逍遥游》。

⑦［唐］杜光庭《道德真经广圣义》。

第二节 克己自律

孔子提出“克己复礼”“为仁由己”，即实现“仁”的关键是克己自律。也就是依靠理性、信念和良知进行自我约束、自我控制、自我觉知、自我管理。其目的是不断修身正己，以期进入“止于至善”“仁民爱物”“天下归仁”的境界。

首先，对自己的言行要能自我约束。孔子提出“四勿”，“非礼勿视，非礼勿听，非礼勿言，非礼勿动”。[①]就是说对不文明、不道德、不美的东西，不看、不听、不说、不做。还要对自己过分的欲望自我克制。孔子提出“三戒”，“少之时，血气未定，戒之在色；及其壮也，血气方刚，戒之在斗；及其老也，血气既衰，戒之在得”。[②]就是要戒迷恋美色、戒攀比好斗、戒追名逐利、戒贪得无厌。

其次，对自己的念头自我警觉。王阳明在《传习录》中说：“常如猫之捕鼠，一眼看着，一耳听着，才有一念萌动，即与克去。”意思是，对待自己的心念常常就像猫捉老鼠。眼睛看着，耳朵听着，只要有一点邪念萌动，就立即克除。《了凡四训》也说：“大抵最上治心，当下清净；才动即觉，觉之即无。”关于觉知的功夫，朱熹认为要保持敬畏：“正其衣冠，尊其瞻视，潜心以居，对越上帝。”[③]意思是，穿戴衣帽要端正，仰看平视要保持尊严，居住时要心中安静而专一，敬畏地面对上天。

最后，对自己不良的情绪自我调节、控制。人不能沦为情绪的奴隶，无法控制自己情绪的人，会给自己和他人带来不可预料的灾难。《孙子·火攻》中说：“主不可以怒而兴师，将不可以愠而致战。合于利而动，不合于利而止。怒可以复喜，愠可以复悦，亡国不可以复存，死者不可以复生，故明主慎之，良将警之。”意思是，一国之主不能凭一时之愤怒决定兴师，一军之将不可以凭一时之愤怒率众出战。因为愤怒可以重新欢乐，怨恨可以重新喜悦，但国亡不可复存，人死不会复活。所以，对于战争，君王要谨慎，忠臣良将要警惕。《论语》说：“小不忍则乱大谋。”苏轼

《留侯论》中："天下有大勇者，卒然临之而不惊，无故加之而不怒，此其所挟持者甚大，而其志甚远也。"可见能战胜自己情绪的人才是大勇之人。孔子提出绝四："毋意、毋必、毋固、毋我。"④做到"绝四"的人是理智的人，自然也是情绪的主人。

---

①［春秋］孔子《论语·颜渊》。

②［春秋］孔子《论语·季氏》。

③［宋］朱熹《敬斋箴》。

④［春秋］孔子《论语·子罕篇》。

第三节 反省改过

反省改过是儒家自我道德修养的方法。反省是指人要辨察自我意识和言行中的善恶是非，找出自己的不足，认识自己的过失。反省参照的标准是仁、义、礼、智、信、忠、孝、廉、毅、和十大义理。改过是在反省的基础上，对自己的不足所进行的自我修正的实践。

反省包括以下三个方面。

第一，三省吾身。当出现道德矛盾或自己出现道德过错时，人要进行反思。平时无事也应自觉地随时反省自身言行，这就是《论语》中记载的："吾日三省吾身。为人谋而不忠乎？与朋友交而不信乎？传不习乎？"

第二，见贤思齐。孔子说的"见贤思齐焉，见不贤而内自省也"。[①]看见贤人，就应该想向他看齐；看见不贤的人出现过失或有恶言恶行，也要反省自己，是否身上也有一样的毛病、过恶，以期引起警惕。《荀子·修身》中讲得更为具体，"见善，修然必以自存也；见不善，愀然必以自省也。善在身，介然必以自好也；不善在身，菑然必以自恶也。故非我而当者，吾师也；是我而当者，吾友也；谄谀我者，吾贼也"。意思是看到善良的行为，一定要一丝不苟地对照自己，看看自己是否也有此善行；看到不好的行为，一定要心怀警惕反省自己，看看自己是否也有此种不良品性。自己身上的善，一定要坚定不移地固守；自己身上的不善，一定要厌恶它如同灾祸。所以恰当批评我的人，就是我的老师；赞同我而得当的人，就是我的朋友；阿谀奉承我的人，就是害我的人。

第三，反求诸己。当自己的行为未能达到预期效果时，先从自己身上找原因。孟子说："行有不得者，皆反求诸己。"[②]凡事从自己的主观动机上寻找根源，自觉自愿地进行自我批评。孟子用射礼举例说："仁者如射，射者正己而后发，发而不中，不怨胜己者，反求诸己而已矣。"[③]箭没有中靶，不能去抱怨战胜自己的人，而是要从自己身上找原因。要本着严于律己，宽以待人的精神，找出自己的过错，最后才能以是克非、为善去恶。“反身而诚，乐莫大焉。”④“反身而诚”是人生最大的快乐。

改过包括以下三个方面。

第一，闻过则喜。古人说：“人非圣贤，孰能无过?”说明人有过失并不可怕，金无足赤，人无完人。重要的是要敢于面对过错，并决心改正。当别人指出我们的不足，对我们的过失提出尖锐批评时，应抱“闻过则喜”的积极态度。“责我以过，当虚心体察，不必论其人何如。局外之言，往往多中。”⑤所谓旁观者清，当局者迷。局外人的话，往往说得中肯。人千万不能自满，听不得意见。老子说：“不自见，故明。不自是，故彰。不自伐，故有功。不自矜，故长。”要牢记《史记》的告诫：“忠言逆耳利于行，毒药苦口利于病。”《毛诗注疏》中说：“言之者无罪，闻之者足以戒。”有勇气面对批评，才可能有勇气痛改前非。

第二，过而能改。《周易》曰：“君子以见善则迁，有过则改。”人应该正视自己的错误了，及时改过。明代高濂说：“人能改过，则善日长而恶日消。”⑥意思是人能改过，自我修正，才能增善减恶，不断超越、完善自身。孔子说：“过而不改，是谓过矣。”⑦孔子认为过而不改才是真正的“过”。孔子还以颜回为例指出“不迁怒，不贰过”。有德行的人不在于不犯错误，而在于有过就改，不要重犯。

第三，格心之非。过错有口过、身过、心过等，只有去掉心过才能去掉口过、身过。王阳明说：“天下之物本无可格者。其格物之功，只在身心上做。”⑧意思是格物之功夫重在格心，即通过内省克治的省察功夫，除去内心中的恶念，使心中纯善无恶，天理良知呈现。可见格心之非是改心之过，是在反省阶段就把过恶克服消灭在萌芽状态之中。

---

①［春秋］孔子《论语·里仁》。

②［战国］孟子《孟子·离娄上》。

③［战国］孟子《孟子·公孙丑下》。

④［战国］孟子《孟子·尽心上》。

⑤［清］申涵光《荆园小语》。

⑥［明］高濂《遵生八笺》卷二。

⑦［春秋］孔子《论语·卫灵公》。

⑧［明］王守仁《王阳明全集·传习录》。

第四节 有耻且格

“耻”字在古代写作“恥”，许慎在《说文解字》中解释道：“辱也，从耳，心声。”“耳”字表明与社会教化的舆论相关，即以“礼”为标准的他律之耻；“心”字表明，耻与良心有关，即以“仁”为标准的自律之耻。《六书总要》说：“凡人心惭，则耳热面赤，是其验也。俗讹作耻。乃教人知羞免愧。归乎天良也。”耳朵发热，脸发红，这是耻的外在表现；内疚、惭愧、出丑、厌恶、害怕，甚至惊恐，这是耻的内在表现。马克思说：“耻辱是一种内向的愤怒。”有这种内向的“愤怒”，即为知耻，“天良”显明。如果恬不知耻，就表明“天良”丧失。

判断“耻”的标准就是“天理良知”，就是仁、义、礼、智、信、忠、孝、廉、毅、和十大义理，符合义理的就是“荣”，不符合义理的就是“耻”。陆象山曾说：“君子义以为质，得义则重，失义则轻，由义为荣，背义为辱。”[①]

“耻”是立人之本，包括以下三个方面。

首先，知耻是人禽之别。孟子说：“无羞恶之心，非人也。”[②]朱熹也说过：“耻者，吾所固有羞恶之心也。有之则进于圣贤，失之则入于禽兽，故所系甚大”[③]。清朝石成金在《传家宝》中写道：“心无羞耻，天良已绝，日习日邪，愈趋愈卜，与禽兽相去几希。”可见羞耻心是极其重要的道德堤防，没有羞耻心，良知就会断绝，人就会沦落为禽兽，各种丑恶必将横行于世。

其次，知耻可教。周敦颐：“必有耻则可教，闻过则可贤。”[④]朱子也说过：“知耻是由内心以生，闻过是得之于外。人须知耻，方能过而改。”[⑤]有了知耻心，就会因自己的过恶感到可耻而生愧悔之心，这样才能及时改正错误。《中庸》云：“知耻近乎勇。”“知耻”是道德教化的前提。“知耻”就会有向善的追求，就会有自省自修的意愿，才能接受教化。

最后，知耻至善。朱熹说：“人有耻则能有所不为。”[⑥]石成金也说过：“耻之一字，乃人生第一要事。如知耻，则洁己励行，思学正人，所为皆光明正大。凡污贱淫恶，不肖下流之事，决不肯为。如不知耻，则事事反是。”[7]如果人懂得羞耻，就会洁身自好，想着向正派的人学习，做事也都是光明正大的。所有污秽的、下贱的、荒淫的、邪恶的、不正派的、下流的事，是绝对不肯做的。如果不懂得羞耻，就会在每件事上走向相反的方向。可见知耻心是人们内心深处对恶的憎恨，对善的追求。这样才能有所为有所不为，不断近善远恶，特别是坚决不做不该做的事情。

“耻”是安邦之道。孔子说：“道之以政，齐之以刑，民免而无耻；道之以德，齐之以礼，有耻且格。”[8]意思是说，用政治来治理人民，用刑罚来整顿人民，人民就只求免于犯罪，而不会有廉耻之心；用道德来治理人民，用礼教来整顿人民，人民就会不但有廉耻之心，而且还会归于正道。在孔子看来，“民免而无耻”不利于社会治理。只有“有耻且格”“养民知耻”，让民众自觉自发地规范自己的行为才是治国安邦之道。清朝龚自珍曾讲：“士皆知有耻，则国家永无耻矣；士不知耻，为国之大耻。”[9]一般民众的不知耻还仅限个人的品德问题，危害有限。但士大夫或公众人物的无耻却关乎整个社会风俗，危害甚大，会导致伤风败俗、误国殃民的问题，所以为“国之大耻”。管子说：“礼义廉耻，国之四维。四维不张，国乃灭亡。”顾炎武认为“四者之中，耻为尤要”。[10]“耻”不但是中华民族的传统美德，也关乎纯化社会风气，维护社会和谐稳定，关乎中华民族伟大复兴。

---

① [宋] 陆九渊《象山集》卷十三《与郭邦逸》。

② [战国] 孟子《孟子·公孙丑上》。

③ [宋] 朱熹《孟子集注》。

④ [宋] 周敦颐《通书·幸第八》。

⑤ [宋] 黎靖德《朱子语类》卷九十四。

⑥ [宋] 黎靖德《朱子语类》卷一十三。

⑦ [清] 石成金《传家宝·万事通》。

⑧ [春秋] 孔子《论语·为政》。

⑨ [清] 龚自珍《明良论二》。

⑩ [清] 顾炎武《日知录》。

第五节 涵养正念

人是由身体生命和心灵生命复合而成的。孔子曰："操则存，舍则亡；出入无时，莫知其乡，惟心之谓与?"[①]一般人心中无时无刻存满念头，此前念头已逝，此后念头即将涌现，心灵一直处于念念相续的状态。念头分正念和妄念，正念为善，会给人带来健康、幸福、成功；妄念为恶，会给人带来不幸、失败、堕落、犯罪。"故苟得其养，无物不长；苟失其养，无物不消。"[②]正念如果得不到涵养，妄念就会疯长。所以，正己修身必须从自己的心念上下功夫。

清心寡欲。人的心灵本是明镜，可被太多杂念、妄念、欲念染污，就会变得晦暗不明，甚而分不清善恶。神秀说："身似菩提树，心如明镜台；时时勤拂拭，莫教惹尘埃。"[③]人要时时刻刻拂拭、清洁心灵，扫除各种妄念、贪欲。老子曰："五色，令人目盲；五音，令人耳聋；五味，令人口爽；驰骋畋猎，令人心发狂；难得之货，令人行妨。是以圣人为腹不为目，故去彼取此。"[④]老子认为各种声色欲望会"令人心发狂"。朱熹也说过："知人欲之所以害仁者在是，于是乎有以拔其本，塞其源，克之克之而又克之，以至于一旦豁然欲尽而理纯，则其胸中之所存者，岂不粹然天地生物之心，而蔼然其若春阳之温哉!"[⑤]意思是，知道人的恶欲会损害仁德，就要拔除恶的根子，阻塞恶的源头，克制它，克制它，再克制它，以至于有朝一日豁然开朗，恶欲除尽，心中全是天理，那么，他心中所存留的，无不是纯粹的天地生育万物之心，和气温暖就像春天的太阳一样啊!可见一个人如果做到清心寡欲，也无烦恼也无愁，自然会感受到生活的美好。正如宋朝无门慧开禅师所说："春有百花秋有月，夏有凉风冬有雪；若无闲事挂心头，便是人间好时节。"

主一明理。"主一"就是将心念专注于持守道上、义理上，"明理"就是明天理。即《大学》里所谓的"明明德"；《尚书》中的"人心惟危，道心惟微，惟精惟一，允执厥中"；王阳明的"致良知"。唐朝释道世云：

“摄心一处，便是功德丛林；散意片时，即名烦恼罗刹。”意思是，收摄心念于道义一处，便产生种种功德；心念散乱片刻，就会堕入烦恼火坑。孔子曰：“诗三百，一言以蔽之，曰‘思无邪’。”[⑥]朱熹说：“人只有一个心，但知觉得道理底是道心，知觉得声色臭味底是人心。”[⑦]道心是人心的道理、依据、指导和主宰。《禅林宝训》中说：“骏马之奔逸而不敢肆足者，衔辔之御也；……意识之流浪不敢攀缘者，觉照之力也，不争得多。”人的心念纷呈如何不被外物所牵引，就是靠道心的觉悟观照之力来规范。王阳明认为“主一”同“逐物”的区别是：“好色则一心在好色上，好货则一心在好货上，可以为主一乎？是所谓逐物，非主一也。主一是专主一个天理。”[⑧]意思是，好色，就一心扑在好色上；好财物，就一心扑在好财物上，这可以叫作专心吗？这是追逐物欲，并不是专心。专心，是专注于天理。

克除妄念。明朝洪应明在《菜根谭》中说：“降魔者先降自心，心伏，则群魔退听。”王阳明也说：“防于未萌之先而克于方萌之际。”[⑨]在邪恶之念没有萌发之前，就加以防范；在邪恶之念刚刚萌发之时，加以克制。克除妄念是需要勇气和下真实功夫的。“破山中贼易，破心中贼难。”[⑩]“心中贼”就是自己心中的私欲、贪欲之贼，比如“财色名利”四贼，“无形难觉”，不易破除。《法句经》云：“先创已，然后创人。”心中贼害人害已。“才觉私意起，便克去，此是大勇。”[⑪]刚刚感觉到私欲产生，便克除，这是勇敢的行为。王阳明在《传习录·上》传授克除妄念的功夫时说：“无事之时，将好色、好财、好名等各种私欲，一一追查、搜寻出来，一定要拔除心灵上的病，使之永远不再发作，才叫痛快。就像猫捉老鼠一样，一边眼睛看着，一边耳朵听着。刚刚有一个邪念萌生出来，就立即克除它。斩钉截铁，不能姑息纵容，给邪念提供方便。不可窝藏邪念，也不可将邪念放出来害人，这才是真正的功夫。”

存养正念。王阳明说：“善念存时即是天理，此念即善，更思何善？此念非恶，更去何恶？此念如树之根芽，立志者长立此善念而已。”[⑫]意思是，心存善念，这就是天理。既有此善念，何必要另外再去思考善？此念头并非恶，何必还要去除恶？此善念就如树的根和芽。立志就是使善念成长起来。王阳明进一步说：“善念发而知之，而充之。恶念发而知之，而遏之。”善念萌生，就要立刻知觉并加以扩充，进而持守践行。孟子提出

“养心”说：“我善养吾浩然之气。……其为气也，至大至刚，以直养而无害，则塞于天地之间。其为气也，配义与道；无是，馁也。是集义所生者，非义袭而取之也。行有不慊于心，则馁矣。”[13]意思是，我善于培养我的浩然之气。这种气，最浩大最刚强，用正道去培养而不加伤害，就会充满天地之间，无所不在。这种气，要同义和道相配合。没有义与道，气便不够盈满。这种气，是聚集了正义才产生的，不是凭偶尔的正义之举所能获取的。行事于心有愧，这种气便不够盈满。

---

①［战国］孟子《孟子·告子上》。

②［战国］孟子《孟子·告子上》。

③《坛经》。

④［春秋］老子《老子》第十二章。

⑤［宋］朱熹《朱子全书》卷四。

⑥［春秋］孔子《论语·为政》。

⑦［宋］黎靖德《朱子语类》卷七十八。

⑧［明］王守仁《传习录·上》。

⑨［明］王守仁《传习录·中》。

⑩［明］王守仁《王文成全书》卷四。

⑪［明］胡居仁《居业录·学问》。

⑫［明］王守仁《传习录·上》。

⑬［战国］孟子《孟子·公孙丑上》。

第六节 虚静空明

“虚静”是指人的精神进入一种无身无我、无欲无知、无得无失、无功无利的极端平静的状态。《老子》曰：“致虚极，守静笃。”空到极点，静到极致，空明一片，湛然朗朗。这是老子体味“道”的方法，也是一种“修身”的方法，也是人认识自己、把握天道规律的一种方式和一种状态。“虚静”之本质在于寻求人与自身、人与他人、人与自然的和谐。“虚静”之功用仍在于“修己安人”。为政者通过“虚静”的功夫，就可以达到无私忘我、无欲则刚的“清廉”境界。一般人通过“虚静”功夫也能够获得某种终极之真、至上之善和最高之美。“虚”能容纳万物，“静”能洞悉一切。在这种状态之下再去观照世间万物本体，感悟生命。人的心胸与道合一，世界变得清明澄静。《庄子》云：“圣人之心静乎！天地之鉴也，万物之镜也。夫虚静恬淡寂寞无为者，天地之平而道德之至。”意思是心之“虚静”，可以作为天地万物的明镜。因此，虚静、恬淡、寂寞、无为，是天地的基准，是道德修养的最高境界。

“寡欲”致虚。《庄子·庚桑楚》云：“彻志之勃，解心之谬，去德之累，达道之塞。贵富显严名利六者，勃志也。容动色理气意六者，谬心也。恶欲喜怒哀乐六者，累德也。去就取与知能六者，塞道也。此四六者，不荡胸中则正，正则静，静则明，明则虚，虚则无为而无不为也。”意思是去除意志的干扰，解脱心灵的束缚，抛弃道德的牵累，打通大道的阻碍。高贵、富有、尊显、威严、声名、利禄这六者，是扰乱意志的因素。容貌、举止、美色、辞理、气调、情意这六者，是束缚心灵的因素。憎恶、欲念、欣喜、愤怒、悲哀、欢乐这六者，是牵累道德的因素。离去、靠拢、贪取、施与、智虑、技能这六者，是堵塞大道的因素。这四个方面各六种情况，不在胸中震荡，内心就会平正，内心平正就会宁静，宁静就会明澈，明澈就会虚空，虚空就能处于无为的境界，这又是无所不为的境界。

“心斋”致虚。《庄子·人间世》云：“若一志！无听之以耳，而听之以心；无听之以心，而听之以气。听止于耳，心止于符。气也者，虚而待物者也。唯道集虚，虚者，心斋也。”意思是，意识专注于一处！你就不用耳去听，而是用心灵去体会；进而不用心灵去体会，而是用自身的气场去感应。耳朵的功能只能听到有声之音，心灵只能感受到有形之物。气则是空明虚静的，它能容纳一切。在虚静的状态体证道，虚静的状态就是“心斋”。

“坐忘”致虚。《庄子·达生》云：“忘足，履之适也；忘要，带之适也；知忘是非，心之适也；不内变，不外从，事会之适也。始乎适而未尝不适者，忘适之适也。”意思是，忘却脚，就感觉到鞋子是舒适的；忘却腰，就感觉到腰带是舒适的；忘却是非之争，是心灵的安适；内心不变，外不从物，是处境的安适。开始时舒适，而且一直处于舒适之中，这是忘掉舒适而产生的舒适。唐朝著名画家张彦远在《历代名画记》中说：“凝神遐思，妙悟自然，物我两忘，离形去智。”意识集中，想象丰富，感悟自然，忘记外物，忘记自我，离开形体，去除智诈。

“顿悟”致虚。六祖惠能曰：“菩提本无树，明镜亦非台；本来无一物，何处惹尘埃?”[①]意思是，身体原本就不是菩提树，心灵也并不是明亮的镜台；本来就是四大皆空，哪里会染上尘埃?

“心镜”致虚。“正其心，平其气，如以镜照物而镜不动，常炯炯地，是谓以我观书，方能心与书合一。”[②]意思是，端正自己的心，使自己心气平和，正如用镜子照见万物，而镜子本身却寂然不动，心中常常是一片光明，这样就叫用心来看书，才能达到与书合一的境界。朱熹也说：“半亩方塘一鉴开，天光云影共徘徊。问渠那得清如许？为有源头活水来。”[③]意思是在一方池塘水面上，阳光、月影、云彩，都一一映现出来。要问池塘水为何如此清澈，就是因为有活动的水从源头流来。

---

①《坛经》。

②［明］湛若水《湛甘泉先生文集·大科训观》。

③［宋］朱熹《观书有感》。

第七节　崇俭戒奢

崇俭戒奢是中华民族的传统美德。唐代诗人李商隐在《咏史》中感叹："历览前贤国与家，成由勤俭败由奢。"《尚书·大禹谟》也提出："克勤于邦，克俭于家。"崇尚节俭、戒骄戒奢，是一种忧患意识，更是一种思想境界。

崇俭是修身之道。三国时诸葛亮在《诫子书》中说："夫君子之行，静以修身，俭以养德，非淡泊无以明志，非宁静无以致远。"意为用节俭的方式可以培养品德。清朝石成金在《传家宝》中说："俭则无贪淫之累，故能成其廉。"意为节俭的人没有贪婪淫乱的牵累，大都清心寡欲、为人正直，因为俭朴而保持廉洁的美德。俭朴还可以长养福气，也可以延长寿命。正如董仲舒所言："故仁人之所以多寿者，外无贪而内清净，心和平而不失中正，取天地之美，以养其身，是其且多且治。"[①]清朝康熙皇帝在庭训中也说："人生衣食财禄皆有定数，若俭约不贪，则可以养福，亦可以致寿。"可见，节俭能修身养德，能养寿、养福，还可以养廉，于人于己好处多多。

崇俭是齐家之本。曾国藩在家训中曾再三教戒子孙："居家之道，推崇俭可以长久，处乱世尤以戒奢侈为要义。"自古无数案例证明俭可兴家，奢会败家，曾国藩以身作则，一生勤俭，曾氏家族代代都传承勤俭的家风。俗语说："富不过三代。"但曾氏家族却代代出英才。曾国藩说："凡世家子弟，衣食起居无不与寒士相同，则庶可以成大器。若沾染富贵气息，则难望有成。"当然，崇俭不仅是在财物上的节俭。清朝王师晋在《资敬堂家训》中说："俭于嗜欲，可以保元养神；俭于言语，可以息是非养精气；俭于饮食，可以养脾胃；俭于思虑，可以壹心静志；俭于交游，可以省酬应；俭于忿怒，可以免怨尤。"则是告诫家族子女要在俭欲、俭言、俭食、俭思、俭交游、俭忿怒上下功夫。

崇俭是治国之要。魏征在《谏太宗十思疏》中提醒唐太宗："居安思危、戒奢以俭。”唐太宗谨记魏征的谏言，不搞奢靡之风，终于开创历史上有名的“贞观之治”。一个国家，执政者带头倡导勤俭风气，自然国强民富，百姓安定。反之，政府、官场皆是奢靡之风，就会导致国库亏空，民不聊生。《管子·八观》云：“国侈则用费，用费则民贫，民贫则奸智生，奸智生则邪巧作。”意思是，政府奢侈，人民生活就会贫困，人民贫困，就会有奸邪狡诈的行为。可见崇俭戒奢对于治国的重要性。

---

①［汉］董仲舒《春秋繁露》。

第八节　清正廉明

清正廉明是儒家所倡导的对各级官吏为政的最基本职业道德要求。主要体现在为政者要做到正大光明、身心端正、为政不贪、廉洁奉公、公正无私、立信于民等。中国自古就有“以吏为师”的传统，往往官吏的道德高度会影响整个社会的道德高度。那么为政者如何做到清正廉明呢？

首先，自洁自正。自洁要求从政者洁身自好，自正要求从政者正己化人。“欲影正者端其表，欲下廉者先之身。”[①]意思是要使影子正，必须要先正标杆；要使下层廉洁，必须是上层的人自己身体力行。《忠经·守宰章》言：“在官惟明，莅事惟平，立身惟清。清则无欲，平则不曲，明能正俗。三者备矣，然后可以理人。”这里告诉我们为政者只有自身做到了贤明、公正、廉洁，才能去管理他人。所谓“公生明，廉生威”，打铁还需自身硬。

其次，克欲戒奢。克欲要求从政者克制贪欲，戒奢要求从政者戒除骄纵。隋朝王通在《中说·王道》中写道：“廉者常乐无求，贪者常忧不足。”意思是，廉洁的人因没有太多的欲求而快乐，贪婪的人则总是因为贪心不足而忧戚。老子曾言：“罪莫大于可欲，祸莫大于不知足，咎莫大于欲得。”欲是万恶之源，其罪、其祸、其咎莫不生于欲。“惟淡可以从俭，惟俭可以养廉。”[②]意思是，只有淡泊才可以节俭，只有节俭才可以培养清廉。清代政治家张廷玉在《明史》中说：“骄纵生于奢侈，危亡起于细微。”所以为官骄横必自毙，今天看来，对为政者具有一定的警戒作用。

最后，为民勤政。为政清正廉明，不仅可以修身，更是益于安民。明朝官员邹应龙在上疏弹劾严嵩时说：“官清则政善，政善则民安。”讲的就是官员清廉，政治就好了；政治好了，人民就安宁。反之则害民、丧国、亡身。宋范仲淹也说：“天下官吏不廉则曲法，曲法则害民。”唐《贞观政要》云："为主贪，必丧其国；为臣贪，必亡其身。"因此，真正清廉的为政者必会忧患天下，体恤百姓，克勤克俭，鞠躬尽瘁。

---

① [汉] 桓宽《盐铁论·疾贪》。

② [明] 周顺昌《忠介烬余集》卷二。

第九节 安贫乐道

安贫乐道主要指在“富贵不可得”的情况下，为“守道”而“安贫”，保持心境的平和安详，有所为有所不为。孔子曾赞叹颜回：“贤哉回也，一箪食，一瓢饮，在陋巷，人不堪其忧，回也不改其乐，贤哉回也。”[①]“安贫乐道”的核心思想不是“安贫”，而是“乐道”。颜回乐的就是仁心常在、胸中洒落、道义未亏。“君子固穷，小人穷斯滥矣。”因此可以说“安贫乐道”是一种处世态度，一种气节，一种人生信念，也是一种精神理想境界。

安贫。安贫不是拒绝富贵，不是以苦为乐，死守贫穷，而是安于贫穷，安于现状，鄙弃“不义而富且贵”，不被灯红酒绿的生活蛊惑。保持做人的尊严和内心的坦然快乐，将贫穷的日子过得清高而有气节。“君子修道立德，不为穷困而败节。”[②]孔子说：“君子谋道不谋食。……君子忧道不忧贫。”[③]意思是，君子要以追求道义、培养德行为人生目标。北宋理学家周敦颐说：“君子以道充为贵，身安为富。”[④]这种追求无疑是超越了物质感性的享受，从而获得一种精神生活的满足。

乐道。《礼记》云：“君子乐得其道，小人乐得其欲。”穷达贫富从来都不是衡量人存在的价值尺度，乐道还是乐欲才是君子与小人的区别标准。孟子提到穷达与道义的关系时说：“故士穷不失义，达不离道……穷则独善其身，达则兼善天下。”[⑤]无论是贫困还是富足都不能离开道，任何时候都应该以学道、体道、行道为乐。

安贫乐道是儒家的最高道德和修身功夫。一个追求感官欲望享受的人，一个追求高消费的人，只能是“乐欲”的小人。朱熹说：“惟是私欲既去，天理流行，动静语默日用之间无非天理，胸中廓然，岂不可乐。”[⑥]去了私欲，天理彰明，哪有不快乐的呢？正如王艮《乐学歌》所谓：“人心本自乐，自将私欲缚。私欲一萌时，良知还自觉。一觉便消除，人心依旧乐。”[⑦]这都是告诉我们如何达到“安贫乐道”境界的最好诠释。

---

①［春秋］孔子《论语·雍也》。

②［春秋］孔子《孔子家语·在厄》。

③［春秋］孔子《论语·卫灵公》。

④［宋］周敦颐《通书九讲》。

⑤［战国］孟子《孟子·尽心上》。

⑥［宋］黎靖德《朱子语类》卷三十一。

⑦［明］王艮《乐学歌》。

卷九　毅

“毅”的本义是意志坚强，“毅”的精神包括了自主精神、独立意识、个人尊严、自我实现、奋斗精神、探索精神、创造精神，还有自强不息、杀身成仁、舍生取义、威武不屈、勇敢顽强等精神。孟子讲：“富贵不能淫，贫贱不能移，威武不能屈，此之谓大丈夫。”曾子说：“士不可以不弘毅，任重而道远。”在竞争空前激烈的时代，中华民族应当大力弘扬“毅”的精神，“毅”的精神必须在仁义的前提下发挥，孔子说：“见义不为，无勇也。”孟子将“好勇斗狠”作为“五不孝”之一，朱熹提倡符合义理的英勇行为，他说：“小勇，血气所为；大勇，义理所为。”倡导“毅”的精神，形成了中华民族刚毅有为、勤劳勇敢、自强不息、艰苦奋斗的民族品格。

第一节 立志弘毅

“立志”是指对心中理想的确立和坚守。“弘毅”是指志向远大，意志坚强。曾子曰：“士不可以不弘毅，任重而道远。”[①]朱熹注曰：“非弘不能胜其重，非毅无以致其远。”没有“弘”，“毅”就无从谈起，没有“毅”，多么弘远的目标也不过是纸上谈兵。

立志弘毅主要涵盖以下四个方面的内容。

第一，人需立志。志向对人生有着重要的意义，一个人不想过平庸的生活，就得先要立志。王阳明曾经说过：“志不立，天下无可成之事，虽百工技艺，未有不本于志者。”[②]如果人生没有志向，天下就没有可成功的事，即使是各种工匠技艺，也都是依靠志向才能学成的。王阳明在《家书》中告诫弟弟：“夫学，莫先于立志。志之不立，犹不种其根而徒事培拥灌溉，劳苦无成矣。”意思是，学习要先立志。如果不立志，就像不播种扎根而只是培养、灌溉，虽然劳累辛苦但无所成就。王阳明在《教条示龙场诸生》中告诉弟子们：“志不立，如无舵之舟，无衔之马，漂荡奔逸，终亦何所底乎？”人如果没有志向，终日“漂荡奔逸”，虚度时光，最终可能一事无成。

第二，志存高远。诸葛亮在《勉侄书》中说：“夫志当存高远。”但凡有所成就者，一定有其崇高而远大的志向。张载曾经说过，“志大则才大，事业大”[③]，“志小则易足，易足则无由进”[④]。志向远大，才干就会大，就能干出一番大的事业来。志向小就容易满足，自满了就不能再进步。说明人为了有所作为就必须树立远大的志向。从某种意义上来说远大的理想是成功的一半，一个人志向远大，就不再会迷茫、困惑，不会计较眼前的得失，并且有勇气克服困难怠惰，不断进取，取得更大的成就。张载云：“为天地立心，为生民立命，为往圣继绝学，为万世开太平。”[⑤]这不仅是张载的理想宏愿，而成了历代读书人最为高远的志向。

第三，志于正道。现实生活中，许多人分不清志向与欲望的区别，其所谓的“志向”不过是满足自己更大的私欲罢了。朱熹说：“志利欲者，便如趋夷狄禽兽之径；志理义者，便是趋正路。”[⑥]这句话的意思是，一心追求利益欲望的人，就像走上禽兽的道路；一心追求仁义真理的人，便是走上正路。可见志向是有道义支撑的正当欲望，没有道义支撑的不是志向，是私欲、恶欲。《论语》中：“士志于道，而耻恶衣恶食者，未足与议也。”一个只对物欲生活感兴趣的人，是不值得和他谈论“道”的。所以诸葛亮说：“非淡泊无以明志，非宁静无以志远。”

第四，立志坚定。《大学》曰：“知止而后有定。”志向一经确立，心就会安定在这个目标上，并不断努力向这个目标奋进。孔子说：“三军可夺帅也，匹夫不可夺志也。”[⑦]要有勇于坚持到底的“弘毅”精神。宋代诗人苏轼在《东坡全集·晁错论》中说：“古之立大事者，不唯有超世之才，亦必有坚忍不拔之志。”要有“性痴则其志凝”的执着精神，不达目标绝不停止。诸葛亮在《诫外甥书》中曰：“若志不强毅，意不慷慨，徒碌碌滞于俗，默默束于情，永窜伏于凡庸，不免于下流矣！”没有立志弘毅的精神，只能是碌碌无为，沉溺于世俗之中，为私情所困，永远混杂在平庸的人群之中，甚至沦落为下流之人！

---

① ［春秋］孔子《论语·泰伯》。

② ［明］王守仁《教条示龙场诸生》。

③ ［宋］张载《正蒙·至当》。

④ ［宋］张载《张子全书·学大原下》。

⑤ ［宋］张载《张子全书·近思拾遗录》。

⑥ ［宋］黎靖德《朱子语类》卷一百二十。

⑦ ［春秋］孔子《论语·子罕》。

第二节 自尊自信

自尊自信即自我尊重，自我相信。自尊是对自我价值的肯定，指既不向别人卑躬屈膝，也不允许别人歧视、侮辱。自信是相信自己的积极态度和信念。儒家的自尊主要体现于人格的伟大，儒家的自信主要体现于思想文化、道德哲学。

孟子倡导“富贵不能淫，贫贱不能移，威武不能屈”[①]的“大丈夫”人格气概。“说大人，则藐之。”[②]向位高显贵的人说话，内心要藐视他们，不要把他的显赫地位和权势放在眼里，真正受人敬重的是仁义道德。孟子曾对齐宣王说：“君之视臣如手足，则臣视君如腹心；君之视臣如犬马，则臣视君如国人；君之视臣如土芥，则臣视君如寇仇。”[③]人与人之间不管地位贫富有多大差距，二者在人格上是平等的。“自安于弱，而终于弱矣；自安于愚，而终于愚矣。”[④]做人要坚持独立的人格意志，具有独立的人格尊严。周敦颐说：“道义者，身有之，则贵且尊。”[⑤]人只要遵循“仁义礼智信忠孝廉毅和”的道德准则，就应坚定地相信自己的人格价值远远高于世间物质财富的价值。

孔子曾说：“文王既没，文不在兹乎？”[⑥]孟子说，“仁义礼智，非由外铄我也，我固有之矣”[⑦]，“万物皆备于我矣”[⑧]及“欲平治天下，当今之世舍我其谁也”。[⑨]不难看出孔孟对自己的道德哲学是多么自信。在《孟子·公孙丑下》中还有这样一句话：“恻隐之心，仁之端也；羞恶之心，义之端也；辞让之心，礼之端也；是非之心，智之端也。人之有是四端也，犹其有四体也。有是四端而自谓不能者，自贼者也。”意思是，同情心是仁的发端，羞耻心是义的发端，谦让心是礼的发端，是非心是智的发端。人有这四种发端，就像有四肢一样。有了这四种发端却自认为不行的，是自暴自弃的人。孟子认为“仁、义、礼、智”这些好的东西都是自己生来所有的，不必外求。二程也认为：“人皆可以为圣人，而君子之学必至圣人而后已。不至圣人而自已者，皆自弃也。”[⑩]意思是，人人都可以成为圣人，君子的修学必须达到圣人的境界才能停止。没有达到圣人的境界而自行中止，都是自弃。孟子批评说："自暴者，不可与有言也；自弃者，不可与有为也。"[11]对于自己损害自己的人，不可以与其谈话；对于自己抛弃自己的人，不可以与其共事。"人当自信自守，虽称誉之，承奉之，亦不为之加喜；虽毁谤之，侮慢之，亦不为之加沮。"[12]所以，人应当自信守节，无论遇到称赞、奉承还是毁谤、欺侮，无论遭遇什么样的人生境况，都应该充满自信，不放弃自己的理想与主张，绝不妄自菲薄。

---

①［战国］孟子《孟子·滕文公下》。

②［战国］孟子《孟子·尽心章句下》。

③［战国］孟子《孟子·离娄下》。

④［宋］吕祖谦《东莱博议·葵邱之会》。

⑤［宋］周敦颐《周子通书》。

⑥［春秋］孔子《论语·子罕》。

⑦［战国］孟子《孟子·告子上》。

⑧［战国］孟子《孟子·尽心上》。

⑨［战国］孟子《孟子·公孙丑下》。

⑩［宋］程颢、程颐《二程粹言》卷上。

⑪［战国］孟子《孟子·离娄上》。

⑫［明］薛碹《读书录》卷一。

第三节 自主自为

“自主”主要指人格具有独立性，有自己的思想、观点、看法、为人处世的方式和准则。“自主自为”就是自己做主，自我负责，自我发展，自我成就。

自主自为表现在以下五个方面。

第一，自我担当。子曰：“君子求诸己，小人求诸人。”[①]君子要求的是自己，遇到问题先从自身找原因，小人要求的是别人，出现麻烦总是想方设法推卸责任，撇清自己，不敢担当。一个人要敢于做事并勇于承担责任，出现问题不怨天尤人，才能不断进步，不断成长，实现独立。正如《荀子》所言：“君子敬其在己者，而不慕其在天者，是以日进也；小人错其在己者，而慕其在天者，是以日退也。”意思是，君子看重自身的因素，而不指望天助，所以日益进步；小人放弃自身的努力，而指望天助，所以日益退步。

第二，自主意识。《荀子·解蔽》中说：“心者，形之君也而神明之主也，出令而无所受令。自禁也，自使也，自夺也，自取也，自行也，自止也。”这句话的意思是，心灵是身体的君王，也是精神的主宰，它发出命令而不是接受命令。它能够自行约束，自行运用，自行取消，自行获取，自行活动，自行停止。荀子认为心的意识决定一个人的外部形态，也是一个人精神状态的根源。《佛说十善业道经》云：“人生为己，天经地义，人不为己，天诛地灭。”这句话翻译过来就是：“人生一世，要做好自己，这是天经地义的；人如果做不好自己，就会遭到天地的诛灭。”所以，人一定要树立自主意识，做好自己，并争取“出于其类，拔乎其萃”[②]，做人群中有个性的自己。

第三，自我修养。韩非子曰：“古之人目短于自见，故以镜观面；智短于自知，故以道正己。故镜无见疵之罪，道无明过之恶。目失镜，则无以正须眉；身失道，则无以知迷惑。”[③]大意是，古代的人，眼睛看不见自己，所以用镜子照着观察面孔；才智不足以认识自己，所以用正道来修正自己。因此镜子照出毛病，这不是镜子的罪过，正道暴露自己的过失，不应引起我们的怨恨。眼睛离开镜子，就不能修整胡子眉毛；人们离开正道，就不能辨别是非。这句话告诉人们只有修习“正道”，才能不断提高自己的道德，才能用道德约束自己，把握自己。洪应明说：“惟善操身心者，把柄在手，收放自如。”④只有善于操持身心的人，将主动权操持在自己的手中，才能收发自如。“仁义礼智本自修，人必钦崇之；放僻邪侈本自贼，人必轻鄙之。”⑤仁义礼智这些道德义理只有靠自己修养，人们必定敬佩、崇敬他；胡作非为本来就是残害自己，人们必定轻视、鄙视他。

第四，自我克制。老子曰：“知人者智，自知者明。胜人者有力，自胜者强。”这句话是说一个人能克制自己的贪婪欲望、邪恶念头，战胜自己的胆怯、懦弱、畏缩、厌倦、懒惰、畏惧，以及不良习性、不良情绪才是真正的强者。

第五，命由我作。中国自古就有所谓“将相本无种，男儿当自强”以力抗命的话。《太上感应篇》说：“祸福无门，惟人自召。”《了凡四训》也说：“命由我作，福自己求。”这些自主立命的思想告诉我们命运的好坏，不是上天所决定的，而是掌握在我们自己的手中，福报也是可以求得到的，人完全可以自主自为。孟子曰：“莫非命也，顺受其正，是故知命者不立乎岩墙之下。尽其道而死者，正命也。”⑥意思是，人应该拥有知命不服命的态度和精神，一生做自己应该做的事，走正道，行正义，这才是正命的态度。所以“人不能自贵而望人之贵我，人不能离贱而怨人之贱我”。⑦人的贵贱尊卑怨不得别人，完全是靠自己建立起来的。

---

① ［春秋］孔子《论语·卫灵公》。

② ［战国］孟子《孟子·公孙丑上》。

③ ［战国］韩非子《韩非子·观行》。

④ ［明］洪应明《菜根谭》。

⑤ ［宋］林逋《省心录》。

⑥ ［战国］孟子《孟子·尽心上》。

⑦ ［明］陈荩《修慝余编》。

第四节 事上磨炼

王阳明说："人须在事上磨炼，做功夫乃有益。"[①]"事上磨炼"就是要求人们在日常生活的实践或困境中磨炼内心，即所谓历事炼心。人只有"事上磨炼"才会拥有坚强的意志，祛除心中的不良念头和情绪，才能真正成长。如孟子所言："生于忧患而死于安乐也。"[②]下面就从正反两个方面谈谈事上磨炼的意义。

第一，生于忧患。我们常说："人生不如意之事，十之八九。"挫折，磨难、忧患都是坏事，但也给了我们"磨炼"成长的机会。《礼记》云："玉不琢，不成器。"《警世贤文》也有"宝剑锋从磨砺出，梅花香自苦寒来"的联语。忧患正是砥砺我们成才的宝石。二程曾说："玉者温润之物，若将两块玉来相磨，必磨不成，须是得他个粗砺底物，方磨得出。"二程进一步举例说："譬如君子与小人处，为小人侵陵，则修省畏避，动心忍性，增益预防，如此便道理出来。"[③]君子遇到小人，就能修养、反省自己，或者畏惧、避开，动心忍性，磨炼意志，增强防御能力，这样君子就磨炼成了。所以孟子说："故天将降大任于斯人也，必先苦其心志，劳其筋骨，饿其体肤，空乏其身，行拂乱其所为，所以动心忍性，曾益其所不能。"[④]这句话的确是人生至理。

第二，死于安乐。趋利避害是人的本性，人往往怕过艰苦的日子，而追求安逸的生活。但安逸也要有节制，《国语·鲁语下》有一句话："逸则淫，淫则忘善，忘善则恶心生。"说的是安逸没有节制就会淫乱，淫乱就会忘记善，忘记善就会从心中产生恶念。明代官员徐学谟在《归有园尘谈》中说："当得意时，须寻一条退路，然后不死于安乐。"安乐之所以能令人致死，就是让人在舒舒服服的心态中，不知不觉地就会走向堕落和毁灭。一个人要想有所成就，也要能在这"得意"的事上"磨炼"自己，始终保持头脑清醒，而不是过多地沉湎于温柔之乡。正如范仲淹所说："先天下之忧而忧，后天下之乐而乐。"大丈夫应心怀"忧国忧民"之心，追求“乐天乐道”的高尚精神境界!

---

① [明] 王守仁《王文成全书·传习录下》。

② [战国] 孟子《孟子·告子下》。

③ [宋] 程颢、程颐《二程遗书》卷二上。

④ [战国] 孟子《孟子·告子下》。

第五节　自强不息

《周易》曰："天行健，君子以自强不息。"[①] "自强不息" 是《周易》所推崇的人格品质和精神风貌，它不仅成了无数仁人志士恪守的精神信条，更成了中华民族积极有为的道德品格和重要民族精神。"自强不息" 包括以下四个方面。

第一，意志坚强。意志坚强是指不怕困难，不怕挫折，不达目的决不罢休的精神。梁启超说："天下无往非难境，惟有胆力者无难境；天下无往非畏途，惟有胆力者无畏途。"[②]意思是，天下无处不是艰难的处境，只是有胆魄有力量者能走出艰难的处境；天下无处不是艰险的道路，只是有胆魄有力量者能走完艰险的道路。《前汉书》卷六十二《司马迁传》中曾经赞叹一群意志坚强的人，西伯姬昌披拘禁而演绎《周易》；孔子受困厄而作《春秋》；屈原被放逐，才写了《离骚》；左丘明失去视力，才有《国语》；孙膑被截去膝盖骨，《兵法》才撰写出来；吕不韦被贬谪蜀地，后世才流传着《吕氏春秋》；韩非被囚禁在秦国，《说难》《孤愤》面世；《诗经》三百篇，大抵都是一些圣贤发愤而写作的。

第二，持之以恒。朱熹曾说："非弘不能胜其重，非毅无以致其远。"[③]意思是，如果没有弘大的志向，就不能承担重任；如果没有刚毅的精神，就不能达到远方。持之以恒就是对一个弘远的目标长久地坚持下去，永不放弃。如荀子所云："锲而舍之，朽木不折；锲而不舍，金石可镂。"[④]康有为也说过类似的话："有恒则无所不破，水滴石穿，绳锯木断，间断无所能成。"[⑤]在追求理想的道路上务必一步一个脚印地奋斗，不能幻想 "一步登天"，成功都是长期积累的结果。正如《荀子・劝学》所言："不积跬步，无以至千里；不积小流，无以成江河。"

第三，独立人格。《孟子・滕文公下》曰："富贵不能淫，贫贱不能移，威武不能屈，此之谓大丈夫。" 大丈夫就是有独立操守、独立人格的人，他们把名节尊严看得比生死还重。"见善明，则重名节如泰山；用心刚，则轻死生如鸿毛。”[⑥]说的是如果清楚地看见善道，就会把名节看得像泰山一样重；如果用心刚正，就会把死亡看得像鸿毛一样轻。《礼记·儒行》也说：“士可杀而不可辱也。”士子宁可死，也不愿受侮辱，儒者的人格尊严凛然不可侵犯，充分体现了儒者的刚毅。这种刚毅不仅是对人，更是对己。吕坤在《呻吟语》中说：“所贵乎刚者，贵其能胜己也，非以其能胜人也。”孔子认为无欲则刚，他说：“枨也欲，焉得刚？”[⑦]

第四，革故鼎新。《礼记·大学》云：“汤之盘铭曰：‘苟日新，日日新，又日新。’”“日新”就是“永不停息地自我更新”。《周易·系辞下》曰：“穷则变，变则通，通则久。”要想做到日新或创新，必然要求变革或革命，不断推陈出新。因此《周易》明确提出“日新之谓盛德”。“日新”精神作为最高尚的品德，主要体现在革故鼎新，不断反省自己，去除积弊，坚持改过自新，在进取的过程中时刻激励自己永不懈怠，坚持去追求完美的道德境界。《大学》载：“《康诰》曰：‘作新民。’”

---

①《周易·乾·象》。

②梁启超《饮冰室合集》专集之四《新民说·论尚武》。

③［宋］朱熹《四书章句集注·论语集注》卷八。

④［战国］荀子《荀子·劝学》。

⑤康有为《孟子微》卷七。

⑥［宋］林逋《省心录》。

⑦［春秋］孔子《论语·公冶长》。

第六节 正义之勇

儒家所说的勇是一种勇于克服困难，抵制不良诱惑，积极进取，以修身治国平天下为己任，敢于担当，坚持不懈地追求高远志向的弘毅精神。孔子认为“仁、智、勇”是君子所必须具备的三种品质。在这里“勇”需要仁、义的规范和限定，同时“勇”也是以实现和维护仁、义为目标。

清朝理学家张伯行在《困学录集粹》中说：“血气之勇不可有，义理之勇不可无。”勇可分为血气之勇与义理之勇。

血气之勇往往是只凭一时冲动而激发的勇气，表现为受情绪、忿懥驱使，情欲动心，而心失其正的血气之怒。《论语·阳货》云：“君子义以为上。君子有勇而无义为乱，小人有勇而无义为盗。”宋代诗人苏轼认为：“人情有所不能忍者，匹夫见辱，拔剑而起，挺身而斗，此不足为勇也。”[①]血气之勇也可称为“莽夫之勇”，因其缺乏理性和智慧的引导，没有“义”作为必要条件，是我们所要戒除的。《荀子·荣辱》说：“争饮食，无廉耻，不知是非，不辟死伤，不畏众强，恈恈然唯利饮食之见，是狗彘之勇也。为事利，争货财，无辞让，果敢而振，猛贪而戾，然唯利之见，是贾盗之勇也。轻死而暴，是小人之勇也。”荀子所批判的“狗彘之勇、贾盗之勇、小人之勇”是以饮食、利益等为对象的冲动，都属于血气之勇。

义理之勇是指为维护道义、匡扶正义而产生的勇气，这种勇和仁、义、礼、智、信、忠、孝、廉、毅、和相结合，是我们所要倡导的真正的美德。荀子说：“义之所在，不倾于权，不顾其利，举国而与之不为改视，重死持义而不挠，是士君子之勇也。”[②]意思是，站在正义立场上，不屈服于权势，不顾利害得失，把整个国家给他，他也不改变看法，看重生死大义，坚持正义，决不屈从，这是士君子的勇敢。《论语》中：“志士仁人，无求生以害仁，有杀身以成仁。”《吕氏春秋》卷十二《士节》篇中记载：“士之为人，当理不避其难，临患忘利，遗生行义，视死如归。”孔子曰：“朝闻道，夕死可矣。”[③]南宋文学家文天祥在《指南后录·言志》所云：

“以身殉道不苟生，道在光明照千古。”这些表现都属于为维护保全道义不怕牺牲生命的正义之勇。另一方面，义理之勇同浩然正气相结合，体现一种内向成己之勇，或曰内圣之勇。二程认为：“克己自胜，非君子之大勇不可能也。”[4]意思是，克制自己，战胜自己才是君子的大勇敢。《吕氏春秋·仲秋纪》认为：“有气则实，实则勇；无气则虚，虚则怯。”说的是，正气饱满就会内心充实，内心充实就会勇敢；缺乏正气就会心虚，心虚就会胆怯。故孟子曰：“我善养吾浩然之气。”庄子也说：“知穷之有命，知通之有时，临大难而不惧者，圣人之勇也。”[5]苏轼说：“天下有大勇者，卒然临之而不惊，无故加之而不怒。此其所挟持者甚大，而其志甚远也。”以上之勇充分体现了儒家所倡导的“修己安人”“内圣外王”的高尚人格境界。

---

① ［宋］苏轼《苏东坡全集·留侯论》。

② ［战国］荀子《荀子·荣辱》。

③ ［春秋］孔子《论语·里仁》。

④ ［宋］程颢、程颐《二程粹言》卷上《论学篇》。

⑤ ［战国］庄子《庄子·秋水》。

第七节　刚柔相济

刚柔相济是指“刚强”和“柔和”互为补充、相互制约、恰到好处。《周易》曰：“刚柔节也。”刚柔之间是相互调节的。它们是矛盾的统一体，二者相辅相成，一个人只刚不柔，就容易导致唯我独尊、自以为是的极端性格；只柔不刚，就容易导致消极悲观、无所作为的不良后果。“天行健，君子以自强不息；地势坤，君子以厚德载物。”刚健自强和宽容厚道成为中华民族的精神品格。“强弱相成，刚柔相形”[①]，“刚柔相推，变在其中矣”[②]，都是描述了刚与柔相互激荡，在变化中寻求适当，从而使得刚柔符合中道。对一个人来说，刚柔在身上务要达到浑然一体，不偏不倚，和谐发展。

刚柔相济涵盖以下三个方面。

第一，以刚决柔。在“刚柔相济”中，刚与柔都不可以缺失对方，但它们仍有主次之分。《周易》曰，“刚决柔也”，“柔皆顺乎刚”。说明刚为主导，柔起到配合与制约的作用。《周易》的《乾·彖传》中说：“大哉乾元，万物资始，乃统天。”《坤·彖传》中说：“至哉坤元，万物资生，乃顺承天。”乾为刚为健，坤为柔为顺。人效法天道，“其德刚健而文明，应乎天而地行”[③]，刚健自强是人类改造天地万物，促进自身完善的主导力量。宽容厚道进行配合制约，一个人缺少刚健自强、积极进取的精神，宽容厚道便会丧失意义。

第二，以柔制刚。老子说：“持而盈之，不如其已；揣而锐之，不可长保。金玉满堂，莫之能守；富贵而骄，自遗其咎。功遂身退，天之道也。”[④]意思是执持盈满，不如适时停止。显露锋芒，锐势难以保持长久。金玉满堂，无法守藏。如果富贵而又骄横，给自己留下祸根。事情成功，就要收敛，这是天道。《易文言》说：“亢龙有悔，穷之灾也。”都是告诫我们物极必反的道理，刚强到了极致，将由盛转衰，出现灾殃。《礼记》曰：“一张一弛，文武之道也。”无论是文与武、刚与柔，若偏向一方都是不能长久的。奋发向上也不能忘记立柔守弱。“将欲歙之，必固张之；将欲弱之，必固强之；将欲废之，必固兴之；将欲夺之，必固与之。是谓微明。柔弱胜刚强。”[⑤]没有宽容厚道的“柔”制约，刚健自强的“刚”就会走向极端。所以《周易》倡导“刚健中正”，即刚健自强要以“中”和“正”为准则，“中”就是不偏不倚、无过无不及，恰到好处。

第三，外柔内刚。《易经·泰卦》云：“小往大来，内健而外顺，天地交而万物通。”内心洋溢着一种刚健自强的活泼精神，对生活、对人生充满着自信，具备着坚忍不拔的毅力，但外在则表现为谦虚谨慎、友善宽容地对待他人。老子说：“上善若水，水善利万物而不争，处众人之所恶，故几于道。”[⑥]上善若水即喻人外柔内刚，是人生修养的大境界。“天下莫柔弱于水，而攻坚强者莫之能胜，其无以易之。”[⑦]意思是，天下再没有什么东西比水更柔弱了，而攻坚克强却没有什么胜过水，没有什么可以替代它。所以老子认为圣人就是学习水这种外柔内刚的精神而成就自己。“天长地久。天地所以能长且久者，以其不自生，故能长生。是以圣人后其身而身先，外其身而身存。非以其无私邪？故能成其私。”[⑧]意思是，天长地久，天地所以能长久存在，是因为它们不为了自己的生存而自然地运行着，所以能够长久生存。因此，圣人谦让于后，反而能够领先；将自己置之度外，反而能保全自身。这不正是因为他无私吗？所以能成就他的自身。

---

①［唐］徐锴《说文·通论》。

②《周易·系辞下》。

③《周易·彖传》。

④［春秋］老子《老子》第九章。

⑤［春秋］老了《老子》第三十六章。

⑥［春秋］老子《老子》第八章。

⑦［春秋］老子《老子》第七十八章。

⑧［春秋］老子《老子》第七章。

第八节　勤劳奋进

勤劳是指人们要耐得住劳苦，孜孜不倦，竭心尽力地去做事。“勤”与“奋”相连，表现为一种积极进取，奋发向上的精神风貌。

珍惜光阴。一个人要发愤图强，就要懂得珍惜光阴。所谓：“一年之计在于春，一日之计在于晨，一家之计在于和，一生之计在于勤。”[①]每日早起是一种良好的生活习惯，勤于早起是勤奋进取精神风貌的具体体现。“黑发不知勤学早，白首方悔读书迟。”[②]我们常说“一寸光阴一寸金”，青春无价，时光转瞬即逝，与其晚年悲叹，不如当下奋发努力，不虚度光阴。

勤学不倦。《论语》云：“默而识之，学而不厌，诲人不倦，何有于我哉？”在孔子看来，人必须勤奋好学，勤于实践，不断提高自身的道德修养。《古今贤文》有一副励志联：“书山有路勤为径，学海无涯苦作舟。”就是告诉我们在读书、学习的道路上，没有捷径可走，“勤奋”和“刻苦”是两个必不可少的条件，也是最佳的条件。多想想孔子“发愤忘食，乐以忘忧，不知老之将至”[③]的忘我精神，怎敢心生倦怠，滋生懒惰之念。

懒惰无成。唐代杰出的文学家韩昌黎曾经说过：“业精于勤，荒于嬉；行成于思，毁于随。”[④]贪图安逸，懒惰好玩，会让一个人变得消沉，变得一事无成。曾国藩云：“习劳苦为办事之本。”只有艰苦的环境可以培养人勤劳奋进的精神。

勤俭致富。“民生在勤，勤则不匮。”[⑤]就是说，民众生活的根本保证在于勤劳，通过勤苦劳作，才有收获，生活消费才不会空乏。当然“勤”和“俭”不分家，勤劳创造了财富，必须注意节俭，量入为出，二者不可偏废。正如《尚书·大禹谟》云：“克勤于邦，克俭于家。”

①《增广贤文》。

②［唐］颜真卿《劝学》。

③［春秋］孔子《论语·述而》。

④［唐］韩愈《韩昌黎集·进学解》。

⑤［春秋］左丘明《左传·宣公十二年》。

第九节 执行有力

执行有力是指承办、经办上级的命令或想法，完成任务、获取结果的行动与实践能力。具体表现在以下四个方面。

第一，有备无患。孔子曾经说过："工欲善其事，必先利其器。"[①]意思是，要做好工作，要先把工具变得锋利。确实我们想要办成一件事，准备工作非常重要，所谓"磨刀不误砍柴工"，凡事一定要事先进行筹划、安排，这样才能稳步把事情做好。

第二，付诸行动。老子说："合抱之木，生于毫末；九层之台，起于累土；千里之行，始于足下。"[②]这句话大意就是，合抱的大树，生长于细小的萌芽；极高的高台，筑起于每一堆泥土；千里的远行，是从脚下第一步开始走出来的。告诉我们做任何事情，不能仅仅停留于想法上，而应该立即付诸行动，从小事做起，才会达成我们的目标。

第三，脚踏实地。宋代著名诗人陆游在《冬夜读书示子书》写道："纸上得来终觉浅，绝知此事要躬行。"荀子也有类似的话："不闻不若闻之，闻之不若见之，见之不若知之，知之不若行之。"[③]都是强调践行的重要性，每一项事业都不能仅仅停留在知识和理论层面，只有理论联系实际，以实干为本，脚踏实地，才能获得成功。如《论语》所说："言必信，行必果。"

第四，不懈努力。任何事情都不一定是一帆风顺的，所以一定要坚定决心，无论遇到多大困难，都不泄气，不放弃，不懈怠，持之以恒。以"人一能之，己百之；人十能之，己千之"[④]的坚持不懈精神，如荀子所言"锲而不舍，金石可镂"，一步一步扎实走，善始善终，绝不半途而废，再难的事情也可以做到。

---

① ［春秋］孔子《论语·卫灵公》。

② ［春秋］老子《老子》第六十四章。

③ ［战国］荀子《荀子·儒效》。

④《中庸章句集注》第十九章。

第十节 正道成功

正道成功是指遵循仁、义、礼、智、信、忠、孝、廉、毅、和十大正道而实现生命的无限价值和精神不朽。不遵循十大正道所获得的一切，无论其产业多么庞大，物质多么丰富，地位多么显赫，都不能认定为人生的成功。因其不道义的手段获得的一切都是对自己的灵魂、精神、道德的伤害，死后其灵魂更是堕落到低劣的生命空间，并遗骂名在人世间，殃及后代子孙。如《易经》所云："积善之家，必有余庆；积不善之家，必有余殃。"这是人生的失败。

中国传统的正道成功主要体现在儒家所讲的"三不朽"："太上有立德，其次有立功，其次有立言。"[①]

首先是立德。人无德不立，《大学》云："自天子以至于庶人，壹是皆以修身为本。"《淮南子》说："化者复归于无形也，不化者与天地俱生也。"生命死亡是一种必然，人不得不死，但如何超越死亡，获得不朽呢？如何获得精神与天地同在呢？正如清朝汪汲所云："世俗以形骸为生死，圣贤以道德为生死。赫赫与日月争光，生固生也，死亦生也。碌碌与草木同腐，死固死也，生亦死也。"[②]人的生命十分有限，只有修身立德，才可流芳百世，与日月争光。清代思想家魏源说："志士惜年，贤人惜日，圣人惜时。"[③]司马迁在《报任安书》中说："人固有一死，或轻于鸿毛，或重于泰山。"如何在这短短一生中赋予生命更多无限价值呢？孔子说："志士仁人，无求生以害仁，有杀身以成仁。"[④]《太平御览》也说："良将不怯死以苟免，烈士不毁节以求生。"杀身成仁、舍生取义、坚守节操就是立德的行为。能使这种道德精神传承，就是超越死亡、获得永生、追求不朽的最好方式。

其次是立功。孔颖达认为："立功，谓拯厄除难，功济于时。"[⑤]立功过去主要表现在为民除难，救济众生。今天主要表现在通过自身的努力建立丰功伟业，以服务和帮助社会绝大多数人。如宋代女词人李清照诗中所言："生当作人杰，死亦为鬼雄。"[⑥]今天仍然还有许多人通过立功获取不朽的名声。

最后是立言。立言主要是指通过语言、文字著书教导后人，成为后世之人的楷模。魏文帝曹丕说："盖文章经国之大业，不朽之盛事。年寿有时而尽，荣乐止乎其身，二者必至之常期，未若文章之无穷。"[⑦]意思是，文章是关系到治理国家的伟大功业，是可以流传后世而不朽的盛大事业。人的年龄寿夭有时间的限制，荣誉欢乐也只能终于一身，二者都终止于一定的期限，不能像文章那样永久流传，没有穷期。

当然，无论是追求立德，还是立功、立言，"德、功、言"三个方面都必须遵循"正道"而行，才能真正获得成功。

---

① [春秋] 左丘明《左传·襄公二十四年》。

② [清] 汪汲《座右铭类编·摄生》。

③ [清] 魏源《魏源集·默觚上·学篇三》。

④ [春秋] 孔子《论语·卫灵公》。

⑤ [唐] 孔颖达《春秋左传正义》。

⑥ [宋] 李清照《夏日绝句》。

⑦ [三国] 曹丕《典论·论文》。

卷十　和

“和”有协调、和谐、适中、合作等含义，“和”的精神是儒家文化和道家文化共同倡导的精神，包括团结统一、爱好和平、兼容并包的精神，也有人类同大自然和谐共处的天人合一精神。孟子说：“天时不如地利，地利不如人和。”“和”包括以下十项原则：厚德载物、良性竞争、仇必和解、中庸之道、和而不同、抑强扶弱、和实生物、阴阳和谐、均衡互制、各安其位等。“和”在实践中要注意避免出现投机、世故、圆滑、不敢坚持原则等问题。孔子主张“君子和而不同，小人同而不和”，就是在建立和谐关系时必须坚持道义原则。二程也说：“世以随俗为和，非也，流徇而已矣，君子之和，和于义。”“和”是“礼”追求的目标，孔子的弟子有子说：“礼之用，和为贵。”倡导“和”的精神，养成了中华民族爱好和平、团结友爱、维护统一、善于合作的民族品格。

第一节　中庸之道

中庸之道是儒家道德的最高境界，也是人生至高智慧。那么何为中庸之道呢？

《中庸》曰：“喜怒哀乐之未发，谓之中；发而中节，谓之和。中也者，天下之大本也；和也者，天下之达道也。致中和，天地位焉，万物育焉。”意思是，喜怒哀乐未发之时，处于不偏不倚的状态，这叫“中”；喜怒哀乐已发之时，能够都符合正道，这叫“和”。中，是天下通行的根本法则；和，是天下通行的大道。达到“中”与“和”，天地就会各安其位，万物就会生长。北宋理学家程颐注释《中庸》写道：“不偏之谓中，不易之谓庸；中者，天下之正道，庸者，天下之定理。”意为不偏不倚叫“中”，不改变常规叫“庸”。“中”的意思是天下的正道，“庸”就是天下不易的法则，即定理。朱熹的注释是：“中庸者，不偏不倚，无过不及而平常之理。”意为中庸是不偏不倚，没有过与不及，而且是平常的道理。

综上所述，“中庸之道”就是恪守中道，坚持原则，不偏不倚，无过无不及的平易可行、普遍适用的大道。在处理矛盾时表现为追求中正、中和、稳定、和谐、与时俱进。具体有执两用中、因时制宜、各安其位、折中致和、矫而得中、通权达变等原则方法。

执两用中。孔子说：“有鄙夫问于我，空空如也。我叩其两端而竭焉。”[1]意为有一个乡下人问我，我对他谈的问题一点也不知道。我只是从事物的正反两方面都进行调查研究，这样问题就可以全部搞清楚了。“叩其两端”并非是对“两端”作简单地肯定或否定，而是从正反两方面看问题，发现矛盾，加以推敲、综合、概括，找到“适中”的解决办法。“中”就含有合宜、正确，以及中正、公正之意。做得恰到好处地掌握适度，就叫作“执中”；偏离了这个度，就是失中。“执两”与“用中”是对立统一关系，只有做到“执两”，才能准确地“用中”。《尚书》曰：“人心惟危，道心惟微，惟精惟 ，允执厥中。”意为人心危险，道心精微，只有用心专一，才能真诚地遵守不偏不倚的中庸之道。尧、舜、禹都把“允执厥中”作为治国方略，就是要求实事求是地坚持中庸之道来治理国家。

过犹不及。孔子认为：“过犹不及。”[②]“过”与“不及”皆失中，即不符合中庸之道，没有做到适宜适当，而“无过无不及”才属于中庸之德。特别在道德修养方面，如果“过”了就变成道德极端主义，用道德来绑架别人，往往事与愿违。“是以圣人去甚，去奢，去泰。”[③]所以，圣人不去走极端。凡事做过了头，就会走向它的反面。因此必须在“过”与“不及”之间寻求一个合理的点，以做到恰到好处。体现在为政管理上，孔子提出：“君子惠而不费，劳而不怨，欲而不贪，泰而不骄，威而不猛。”[④]意思是，君子给人民好处，而自己却无所耗费，使百姓劳累但不因过度而产生怨恨，自己欲仁欲义但不能叫作贪婪，庄重但不骄傲，威严但不凶猛。体现在做人上，孔子提出“质”与“文”的统一与兼顾，“质胜文则野，文胜质则史，文质彬彬，然后君子”[⑤]。意思是，质朴胜过了文饰就会粗野，文饰胜过了质朴就会显得浮华不实，唯有文质比例恰当，相得益彰，才是君子。体现在人的情感上，孔子倡导“乐而不淫，哀而不伤”[⑥]。快乐而不过分，忧愁而不过度悲伤。所有这些，都是“无过无不及”。因此，“中”才是为人处世的基本原则和基本方法。

持守正道。二程曰：“世以随俗为和，非也，流徇而已矣。君子之和，和于义。”[⑦]意思是，世人认为追随世俗就是和，这是不对的，这只是“流徇”罢了。君子的“和”，是符合正义。中庸之道要求为人处世保持不偏不倚，折中致和，但不是妥协、无原则、无是非、和稀泥，必须坚守正道的原则。当出现偏向时，要以中正为标准来纠偏，使之达到中和之态。“体正则不待矫而弘，未正必矫，矫而得中，然后可大。”[⑧]意思是：自身端正，不必矫正就可以伟大。如果不端正，必须矫正，矫正而得到中正，然后可以变得伟大。王阳明认为能克欲则道显明，他说：“凡矫而无节过，过则复为偏。故君子之论学也，不曰矫，而曰克。克以胜其私，私胜而理复，无过不及矣。”[⑨]意思是，凡是矫正而没有节制，就会产生过度的情况，过度了又产生偏失。所以，君子论学问，不用“矫”字，而用“克”字。克就是用来克服他的私欲，战胜了私欲，道理就重现了，就不存在过与不及的问题了。因此，《中庸》提出：“尊德性而道问学，致广大而尽精微，极高明而道中庸。”意思是，君子应当尊奉德行，持守正道，善学好问，既进入宽广博大的境界，又深入到精微细妙之处，达到极端的高明同时，又遵循中庸之道。

因时制宜。《周易·蒙》曰：“‘蒙，亨’，以亨行时中也。”这里“时中”就是适中的时机。朱熹注译《中庸》说：“君子之所以为中庸者，以其有君子之德，而又能随时以处中也。”君子随时能自控、自省、节制，保持中和，这样处理事务和矛盾时就会做到因时制宜。司马谈云：“与时迁移，应物变化，立俗施事，无所不宜。”[10]意思是随着时间的变化而变迁，适应事物的变化而改变，建立风俗，处理事务，都能适宜。

各安其位。“致中和，天地位焉，万物育焉。”“中”是方法，“和”是目的。天地万物各安其位，世上万物顺利和谐地生长发育是中庸之道所追求的目标。程子说：“万物庶事莫不各有其所，得其所则安，失其所则悖。”[11]意为万事万物无不是各有其位置，得到它的位置就安宁，失去它的位置就悖逆。

---

① [春秋] 孔子《论语·子罕》。

② [春秋] 孔子《论语·先进》。

③ [春秋] 老子《老子》第二十九章。

④ [春秋] 孔子《论语·尧曰》。

⑤ [春秋] 孔子《论语·雍也》。

⑥ [春秋] 孔子《论语·八佾》。

⑦ [宋] 程颢、程颐《二程粹言·论事》。

⑧ [宋] 张载《正蒙·中正篇》。

⑨ [明] 王守仁《王文成全书·矫亭说》。

⑩ [汉] 司马谈《六家要旨论》。

⑪ [宋] 程颐《伊川易传》卷四。

第二节　兼容并包

中华文明是世界古代文明中唯一没有中断而发展至今的伟大文明，其中最根本的原因就是中华文化强大的包容及兼并能力。中国文化的核心是“和”，讲究海纳百川，有容乃大。中国的儒、释、道三家共生共存，合作互补，协同发展就是最好的例证。《易经》曰：“天下同归而殊途，一致而百虑。”道路、途径、方法、手段无须一致，终极目标常常殊途同归。

宽恕包容。孔子说：“躬自厚而薄责于人，则远怨矣。”[①]用现在的话说，就是“严于律己，宽以待人”。能对自己严格要求，而对别人采取宽容的态度，自然能“远怨”。这个世界不可能有完美的人，人都会犯错误，我们又何必去苛责别人的缺陷和不足呢？所以“君子忍人所不能忍，容人所不能容，处人所不能处”[②]。宽容是一种修养，是一种境界，宽容别人就是发展自己。《论语》说：“不教而杀谓之虐；不戒视成谓之暴；慢令致期谓之贼。”[③]意思是，不经过教育就诛杀，这就是虐；不先告诫便要成绩，这就是暴；起先懈怠，后来明确限期，这就是贼。因此，宽恕包容还体现在对待犯错误的人要谅解，要采取治病救人的方针，而不应该不教而杀。

大道并行。《中庸》曰：“万物并育而不相害，道并行而不相悖。”大意是，万物一起生长而互不妨害，大道同时并行而互不冲突。这一理念体现了开放包容、和而不同、互学互鉴的和合之道。符合自己观念的，吸引接纳，化为己用；不符合自己观念的，也不扼杀，而是让它自我发展。孔子曾经说：“攻乎异端，斯害也已。”[④]民国学者程树德在《论语集释》中说：“若夫党同伐异，必至是非蜂起。”攻乎异端、党同伐异都是违反和合之道，对自己、对他人有害无益。

博采众长。秦朝政治家李斯在《谏逐客书》中说道：“泰山不让土壤，故能成其大；河海不择细流，故能就其深；王者不却众庶，故能明其德。”大意是，泰山不拒绝每块泥土，所以能成就它的高大；河海不舍弃细小的水流，所以能成就它的深广；君王不摒却平民百姓，所以能使他的德行圣明。其实是告诉我们做人做事要包容，有度量，不要认为人家小就嫌弃，只有以小积大、海纳百川、博采众长才能有所作为。

兼听则明。唐太宗曾经问魏徵："人主何为而明，何为而暗?"魏徵答："兼听则明，偏信则暗。"[5]魏徵认为听取各种不同意见就是明，只偏信一种观点就是暗。《左传》云："君所谓可而有否焉，臣献其否以成其可。君所谓否而有可焉，臣献其可以去其否。"无论君臣，都要具备求同存异的气度，接受批评的雅量。不私一说，不私己见，真正做到吸收不同的观点为己所用，这样在做决策的时候就会少犯错误。

---

①［春秋］孔子《论语·卫灵公》。

②马南邨《燕山夜话·涵养》。

③［春秋］孔子《论语·尧曰》。

④［春秋］孔子《论语·为政》。

⑤［宋］司马光《资治通鉴》卷一百九十二。

第三节 和合共生

“和合”文化是中华优秀传统文化的精髓之一。和合共生是表示不同事物、不同观点在矛盾和融合中共同发展演变而产生新事物。和合共生蕴含着和实生物、和善友爱、协和万邦、和衷共济、天人合一、知行合一等理念。下面简介其中两条。

和实生物。“夫和实生物，同则不继。”[①]这句话的意思是，不同事物在和谐统一中才会产生新的事物，如果是完全相同的事物就不会得到发展。齐国上大夫晏子也有类似的观点：“和如羹焉，水、火、醯、醢、盐、梅，以烹鱼肉，燀执以薪，宰夫和之，齐之以味，济其不及，以泄其过。”[②]大意是，和就像做肉羹，用水、火、醋、酱、盐、梅来烹调鱼和肉，用柴火烧煮。厨工调配味道，使各种味道恰到好处，味道不够就增加调料，味道过重就用水冲淡一下。可见只要鱼、肉与各种佐料相调配，互相取舍，相得益彰，便能烹成佳肴。老子曰：“道生一，一生二，二生三，三生万物。万物负阴而抱阳，冲气以为和。”[③]这句话也是告诉我们矛盾双方共存、和谐、融合才能生长出万物。《国语·郑语》说：“声一无听，物一无文，味一无果，物一不讲。”大意是只有一种声响，就不能成为音乐；只有一种物品，就不能形成丰富的文采；只有一种味道，就不能成为美食；只有一种事物，就无法去论说。这是强调和谐但不同一，保持万物各自的特性和优点，让它们和合共生。正如二程所说：“凡物参和交感则生，不和分散则死！”[④]意为所有的事物互相感应，和合就能产生，不能和合，分散开，就死亡。总结说来，我们要做到“和而不同”才行，和合能生万物，相同不能发展。

和衷共济。“和衷共济”就是大家一条心，同心协力，克服困难，共同渡过江河的意思。荀子说：“和则一，一则多力，多力则强，强则胜物。”说的是和合则能统一，统一就会产生更大的力量，力量增加就会强大，强大就能战胜一切。可见和合才能共赢，不和合大家都会受到伤害。

正如春秋时期著名谋略家吕尚所言："若同舟而济，济则皆同其利，败则皆同其害。"[⑤]

① [春秋] 左丘明《国语·郑语》。

② [春秋] 左丘明《左传·昭公二十年》。

③ [春秋] 老子《老子》第四十二章。

④ [宋] 程颢、程颐《二程遗书》卷六。

⑤ [春秋] 吕尚《六韬·发启》。

第四节　阴阳和谐

老子曰："道生一，一生二，二生三，三生万物。万物负阴而抱阳，冲气以为和。"[①]道本身包含阴阳二气，阴阳生成万物，万物皆有阴阳，而且阴阳在不断地变化转换，周而复始。阴阳和谐是自然万物的存在形式，包括阴阳相对、阴阳转化、阴阳交感、阴阳五行等不同方面。

阴阳相对。《易经·系辞上》曰："一阴一阳之谓道，继之者善也，成之者性也。"说的是自然界一切事物或现象都存在着相互对立的阴阳两个方面，有阴必有阳，有阳必有阴，无阴必无阳，无阳必无阴，这是天道的属性。人效法天道"继之善"，"成之性"。阴阳既是对立的，又是统一的，即相反才能相成，统一是对立的结果，世间万物皆是如此。所以老子说："故有无相生，难易相成，长短相形，高下相倾，音声相和，前后相随，恒也。"[②]这句话意思是，有与无相互生成，难与易相互促成，长与短相互显现，高和低相互依存，音和声相互和谐，前与后相互跟随。

阴阳转化。阴和阳虽然是相互对立统一的，但并不是处于静止不变的状态，而是始终处于不断的运动变化之中，阴阳相互制约、彼消此长、此进彼退，始终处于一种动态平衡状态。如《周易·系辞下》云："日往则月来，月往则日来，日月相推而明生焉。寒往则暑来，暑往则寒来，寒暑相推而岁成焉。"意思是，太阳落下之时，月亮就会升起；月亮落下之时，太阳就会升起。太阳和月亮相互交替，光明就产生了。寒冷消退，暑热来临；暑热消退，寒冷来临。寒暑交替，年岁就形成了。

阴阳交感。阴阳交感是自然万物赖以生成和变化的根源。荀子说："天地合而万物生，阴阳接而变化起。"[③]说的就是天与地交合而产生万物，阴与阳交合而发生变化。

阴阳五行。早在战国末年的《尚书》中就有了五行学说，"五行：一曰水，二曰火，三曰木，四曰金，五曰土。水曰润下，火曰炎上，木曰曲直，金曰从革，土爰稼穑。润下作咸，炎上作苦，曲直作酸，从革作辛，稼穑作甘”。五行是自然万物存在的内容，阴阳是自然万物存在的形式。阴阳五行互为辅成，阴阳包括五行，五行含有阴阳。比如从地球这个视角看，天地是相互对立的两个方面，而天地的空间是通过东南中西北显示出来的。阴阳平衡、五行和谐是自然万物的根本，也是人生命的根本。

综上分析，推天道以明人事，注重人格修养，追求天人和谐是人的最高目标。“天行健，君子以自强不息……地势坤，君子以厚德载物。”[④]天地大阴阳，人体小阴阳。君子应该法天地，将天的刚健运行、不息不止，地的柔顺敦厚、包容承载作为人格修养的内容和目标。“太刚则暴，太柔则懦；太缓则泥，太急则轻。”[⑤]“政宽则民慢，慢则纠之以猛，猛则民残，残则施之以宽。宽以济猛，猛以济宽，政是以和。”[⑥]为人处事只有做到阴阳和谐、刚柔相济、宽严结合才能获得人自身的和谐，人与人的和谐，社会的和谐。

---

① ［春秋］老子《老子》第四十二章。

② ［春秋］老子《老子》第二章。

③ ［战国］荀子《荀子·礼论》。

④ ［魏］王弼《周易注》卷一。

⑤ ［宋］司马光《传家集》卷六十一《答李大卿孝基书》。

⑥ ［晋］杜预《春秋左传注疏》卷四十九。

第五节　仇必和解

朱熹主张“仇者以义解之，怨者以直报之”。[1]张载主张“有像斯有对，对必反其为；有反斯有仇，仇必和而解”。[2]即对立产生“仇”，可以以和合之道在对立中求取辩证的统一，最终走向“和解”。“以义解仇”或“仇必和解”在解决人与人对立的怨仇时，充满了辩证的智慧。“以义解仇”其实质仍是“仇必和解”，两种手段都是以怨仇能“合义”“合情”“合理”地解决为终极目的。

仇必和解对于个体而言，核心精神是以和而不同、求同存异之道消解矛盾。所谓“冤家宜解不宜结”，如果简单地以怨报怨、以仇报仇来处理矛盾，就容易陷入人际矛盾的恶性循环。“相反相仇则恶，和而解则爱。”[3]儒家注重修身，一般不与人结怨结仇。比如荀子说：“故与人善言，暖于布帛。伤人之言，深于矛戟。”[4]但对于社会的不公平，儒家当仁不让，矛盾和冲突是难免的。儒家在处理各种矛盾时，在道义的基础上以实事求是的态度，采用“以德报怨”“以直报怨”“以义解仇”“仇必和解”等合理手段，以期解决矛盾，实现公平正义的目的。

仇必和解对于团体而言，就是今天我们常说的“正和博弈”，亦称为“合作博弈”，是指博弈双方能从对方的利益出发，能从良好的愿望出发，取长补短，在相互谅解中达成统一。其结果是博弈双方的利益都有所增加，或者至少是一方的利益增加，而另一方的利益不受损害，因而整个社会的利益即公共的利益有所增加。正和博弈不做损人利己或损人不利己的事，博弈双方是一种合作下的博弈，双方理性竞争，合作互动，实现“双赢”“共赢”。

---

① ［宋］朱熹《朱子家训》。

② ［宋］张载《正蒙·太和》。

③ ［清］王夫之《张子正蒙注》。

④ ［战国］荀子《荀子·荣辱》。

第六节 和而不同

“君子和而不同，小人同而不和。”[①]“和而不同”是君子能够与他人保持和谐关系的一种处世态度，即对待他人的“不同”要采取包容与学习的态度，而对于自身则要采取自信坚守的立场。“同而不和”则是指小人习惯于在对问题的看法上迎合别人的心理，附和别人的言论，表面上一团和气，但内心深处却并不友善。

首先对于“不同”，孔子认为“道不同不相为谋”，采取敢于表达自己的观点并坚守自己价值立场的坚决态度。但对不同观点或做法持一种包容态度，不必强求“同”，强求一致，甚至也不必协商，存而不议，各行其道就好了。因为君子坦荡荡，心胸宽广，没有私心。所以《论语》说：“君子矜而不争，群而不党。”君子庄重而不同别人争执，团结众人而不结党营私。而小人面对“不同”时，表面随声附和，不明确表明自己观点，私底下却在互相拆台。《后汉书》中说：“履正奉公，臣子之节；上下雷同，非陛下之福。”意思是，走正路奉行公事，是臣子应有的操守；上下官员随声附和，那可不是陛下的福分。

其次对于“和”，孔子追求“和为贵”。周太史伯阳父讲：“夫和实生物，同则不继。”[②]只有在“不同”的基础上才能实现真正的“和”，“同”反而无法促进事物的发展。“君子心和，然其所见各异，故曰不同。小人所嗜好者同，然各争利，故曰不和。”[③]意思是，君子心灵和谐，但是他们的见解各有差别，所以说是“不同”。小人的嗜好是相同的，但是各自争夺利益，所以说“不和”。晏子曾经对齐景公说：“今据也甘君亦甘，所谓同也，安得为和！”[④]君主认为是甜的，他就当作是甜的，这是同啊，哪是和呀！君子与小人的区别就在于“盖君子之待人也，有公心爱物，故和……小人之待人也，媚世易合，故同”[⑤]。君子办事出于公心，而不为私，自然获得大多数人的支持；小人办事出于私心，为了个人名利，与人勾结，结成党羽，一旦利不合，就会翻脸，甚至落井下石。所以孔子说：

“君子周而不比，小人比而不周。”⑥

---

①［春秋］孔子《论语·子路》。

②［春秋］左丘明《国语·郑语》。

③［魏］何晏《论语注疏》卷十三。

④［春秋］晏婴《晏子春秋·谏上》。

⑤康有为《论语注》。

⑥［春秋］孔子《论语·为政》。

第七节 中和之美

中和之美是中华民族的最高审美标准和价值追求。中和之美介于阳刚之美和阴柔之美之间，是一种刚柔相济、阴阳中和的美。《礼记·中庸》中说："喜怒哀乐之未发，谓之中；发而皆中节，谓之和。"也就是说"喜怒哀乐"等情感的抒发不能没有节制，而要表达得恰到好处，适可而止，由此呈现出适宜、恰到好处的和谐之美。

情景交融。刘勰在《文心雕龙》中提到"情以物迁，辞以情发"。作为客体的"景"会对作为主体的"情"产生作用。即"物"感"情"发，进而借景抒情，融情入景。唐代文学家符载说："物在灵府，不在耳目。"[①]万物美与不美，在于审美主体的心灵感受。明朝书画家董其昌说："读万卷书，行万里路，胸中脱去尘浊，自然丘壑内营，立成鄄鄂，随手写出，皆为山水传神矣。"[②]这段话告诉我们当自然之山水成为人情之山水，人心之山水，创作的自然之山水才能给人美的享受。遵循中国"天人合一"的思想，主体的"情"与作为客体的"景"合二而一，这就是我们常说的"情景交融"。这里的"中和之美"蕴含主体对待客体的审美化态度，即人与自然和谐相处，彼此尊重，人不是把天地自然作为物欲的对象，而是视为审美的对象，从而获得"浴于沂，风乎舞雩，咏而归"这种超越物我的充盈愉悦的审美感受，甚而获得"我看青山多妩媚，料青山看我应如是"的物我两忘审美境界。最终实现"致中和"，即"天地位焉，万物育焉"的理想状态，从而实现人在大地上"诗意地栖居"的和谐。

美善相乐。孔子说："移风易俗，莫善于乐。安上治民，莫善于礼。"[③]礼乐不仅要具有美感，更要合乎道德教化的要求。"德者，性之端也。乐者，德之华也。"[④]礼乐是道德性情的外化。"故乐行而志清，礼修而行成，耳目聪明，血气和平，移风易俗，天下皆宁，美善相乐。"[⑤]只有美善统一的礼乐才具有教化功用，它既能愉悦性情，又能陶冶情操。荀子说："以道制欲，则乐而不乱；以欲忘道，则惑而不乐。"大意是，用正道来节制欲望，就会快乐但不淫乱；因欲望太高而忘却正道，就会迷惑而且不快乐。“故修其行，正其乐，而天下顺焉。”[6]修养德行，端正音乐，天下的人就都顺从了。因此，美而不善或善而不美都不符合中和之道，唯有美善相乐，即在美的艺术形式中融入善的人文关怀，使人们在接受美、欣赏美的过程中，受到善的教益，思想的启迪，道德的提升，才是人类孜孜以求的“中和之美”。

文道统一。“文，所以载道也。”[7]《周易》曰：“修辞立其诚。”刘勰云：“道沿圣以垂文，圣因文而明道。”[8]意思是，道理靠圣人的文章显示，圣人凭借文章来阐明道理。这是我们“文以载道”的教化传统。但为了避免出现“文以说教”的枯燥乏味，文以载道的同时还注重文化作品的抒情传统，孔子说：“质胜文则野，文胜质则史。文质彬彬，然后君子。”[9]孔子在《论语·述而》中则曰：“志于道，据于德，依于仁，游于艺。”因此可见，自古追求的是文道对立统一的“中和”之美。

---

①［唐］符载《观张员外画松石序》。

②［明］董其昌《画禅室随笔·画诀》。

③［春秋］孔子《孝经》。

④［汉］戴圣《礼记·乐记》。

⑤［战国］荀子《荀子·乐论》。

⑥［战国］荀子《荀子·乐论》。

⑦［宋］周敦颐《通书·文辞第二十八》。

⑧［南朝·梁］刘勰《文心雕龙·原道》。

⑨［春秋］孔子《论语·雍也》。

第八节　心性和谐

《孟子·尽心上》曰：“尽其心者，知其性也；知其性，则知天矣。”意思是，充分发挥心中的良知良能，认识人性，不违“天命”。朱熹注释为，“心者，人之神明……性即天理，未有不善者也”[①]。陆九渊则主张“心即理也”，认为“心”“性”无别。张载认为：“性者理也，性是体，情是用，性情皆出于心，故心能统之。”[②]心性和谐是一种“心安理得”的健康积极的心理状态。心性和谐包括人与自身的和谐、人与他人的和谐、人与社会的和谐、人与大自然的和谐。

按“心统性情”之论，心包括了“性”与“情”。获得心性和谐的方法很多，但以修心为上，下面简介四例。

心灵净化。南宋沙门昙秀在《人天宝鉴》中记载：“身惹尘埃沾尚浅，心随欲境染尤深。堪怜举世忘源者，只洗皮肤不洗心。”意思是，身体沾惹了尘埃只在浅层，心在贪欲之境中被污染得很深。可怜世人忘却了根本，只去洗净皮肤却不洗净内心。心灵就像明镜，每天有大量的“贪嗔痴慢”等精神毒素进入心灵，就像每天会有大量的灰尘落到镜面上一样，所以要养成每天扫除心尘的习惯，即心灵净化。朱熹用的是“清心”的方法，就是断除心中的杂念妄念。“静坐非是要如坐禅入定，断绝思虑。只收敛此心，莫令走作闲思虑，则此心湛然无事，自然专一。”[③]意思是，静坐并不是要像坐禅入定一样，断绝一切思虑。只是收敛自己的心，不要让它走失，放下思虑，那么自己的心便是湛然空明，自然保持精神的专一。庄子用的是“虚心”的方法，心灵进入到空灵虚静的状态，妄念就无安顿之处了，自然消失。“堕肢体，黜聪明，离形去知，同于大通，此谓坐忘。”[④]意思是，忘却肢体，丢掉聪明，离开身躯，去掉狡智，与大道融通为一，这就叫作“坐忘”。清心、虚心是用止、定的方法。但当我们的心过于沉寂，暗昧不明时，佛家还有修习止观的方法，“当反观所起之心，过去已灭，现在不住，未来未至，三际穷之，了不可得”[⑤]。观就是把心安在“道”上，与道融为一体，接近儒家“致良知”的说法，当然清心和虚心的方法也需专一于“道”上。

心如明镜。心灵经过净化，天理良知就呈现出来。一方面可以映照万物，不受外物干扰伤害。即庄子所言：“至人之用心若镜，不将不迎，应而不藏，故能胜物而不伤。”[⑥]物现于前，即映照于心灵之中，物离而去，即从心灵中消退，这就是“应而不藏”。佛家也有“雁无遗踪之意，水无留影之心”[⑦]的说法。另一方面可以明察万事万物，做出冷静的，理性的，符合良知的判断。所以庄子云：“水静则明烛须眉，平中准，大匠取法焉。水静犹明，而况精神！圣人之心静乎！天地之鉴也，万物之镜也。”[⑧]意为水平静的时候，就可以清楚地照出胡须和眉毛。水的平面合乎水平的标准，大工匠便取为准则。水平静了才清澈，何况是精神呢！圣人的心是多么虚静啊！可以作为天地的镜子，作为万物的镜子。朱熹在《观书有感》诗中写道：“半亩方塘一鉴开，天光云影共徘徊。问渠哪得清如许？为有源头活水来。”天理良知无疑就是心灵的源头活水。

存养善念。人的心灵生命处于念念相续的状态，通过前面的心灵净化等修行手段，过滤掉妄念、恶念，剩下的是正念、善念，就要加以持守、扩充、践行，进一步强化正念、善念，庄子所谓“虚室生白”，正念像光一样照进心房，妄念就消失了。《菜根谭》说：“一念慈祥，可以酝酿两间和气；寸心洁白，可以昭垂百代清芬。”说的是，人在一念之间的慈祥，可以创造人际间的和平之气；人能保持心地纯洁清白，就可以使美名千古流传。有了正念、善念，待人处事自然会做到和谐，即所谓“和气迎人，平情应物”[⑨]，心平气和地与人交往，以平常的心情去处理事情。

历境炼心。所谓“历境”就是历一切顺境逆境，去体悟、感悟、证悟。“炼心”就是磨炼自己的心性，看自己这个功夫能否坦然自在，即所谓修得平常心，看淡世间事。庄子云：“日出而作，日入而息，逍遥于天地之间，而心意自得。”[⑩]太阳出来便劳作，太阳落山便休息，在天地之间逍遥自在，并且自得其乐。这是历天地之境，历劳作之境。孟子曰：“父母俱存，兄弟无故，一乐也；仰不愧于天，俯不怍于人，二乐也；得天下英才而教育之，三乐也。”[⑪]这是历人事之境。“与人和者，谓之人乐；与天和者，谓之天乐。”[⑫]通过历境炼心，最终修得天乐，就是那种超脱的乐，与天地相和谐的乐，是无忧无虑的乐，是虚无恬淡、怡然自得的乐。

---

① [宋] 朱熹《孟子集注》。

② [宋] 张载《张子语录》。

③ [宋] 黎靖德《朱子语类》。

④ [战国] 庄子《庄子·大宗师》。

⑤ [隋] 智顗《童蒙止观》。

⑥ [战国] 庄子《庄子·应帝王》。

⑦ [宋] 释普济《五灯会元》卷十六。

⑧ [战国] 庄子《庄子·天道》。

⑨ [清] 王永彬《围炉夜话》。

⑩ [战国] 庄子《庄子·让王》)。

⑪ [战国] 孟子《孟子·尽心上》。

⑫ [战国]《庄子·天道》。

第九节 中和养生

董仲舒认为："能以中和理天下者，其德大盛；能以中和养其身者，其寿极命。""中和养生"是养生的最高境界，其本质上是引导人们掌握好节与度。

中和之道。中和之道就是做到形与神、阴与阳、动与静、劳与逸、乐与悲、刚与柔等各对范畴的和谐统一。比如人体中的阴阳二气失调，就会形成阴阳偏胜、偏衰，或阴不制阳、阳不制阴的病理状态，养生需要调和阴阳。据明朝张介宾《景岳全书》记载："凡病兼虚者，补而和之；兼滞者，行而和之；兼寒者，温而和之；兼热者，凉而和之。"说的是生病有体虚症的人，用补的办法使之平衡；有滞而不通症状的人，用疏通运行的办法使之平衡；有寒症的人，用温的药物使之平衡；有热症的人，用凉的药物使之平衡。这就是中和之道。

虚静养生。虚静是指心灵保持空虚宁静的状态，是平和安宁的心境。《黄帝内经》说："虚邪贼风，避之有时；恬淡虚无，真气从之；精神内守，病安从来?"意为心情保持淡泊、清净、虚无，真气顺畅运行；在内心持守健康的精神，疾病何从发生？故养生先需养心。《前汉书》说："故心和则气和，气和则形和，形和则声和，声和则天地之和应矣。"意为，人心和顺，气息就和顺；气息和顺，身体就和顺；身体和顺，声音就和顺；声音和顺，天地之间的和气就随之相应。

道德养生。孔子提出"德润身"，"大德必得其寿"，"仁者寿"，董仲舒主张"义以养心"。《春秋繁露》记载："故仁人之所以多寿者，外无贪而内清静，心和平而不失中正，取天地之美，以养其身。"意为仁德之人之所以能够长寿，是因为他们向外没有贪欲而且内心保持清静，心地平和而没有失去中正，获取天地之精华，用来滋养自己的身体。荀悦的《申鉴·俗嫌》中也说："仁者内不伤性，外不伤物，上不违天，下不违人，处正居中，形神以和，故咎征不至，而休嘉集之，寿之术也。"说的是，有仁德的人内不损伤心性，外不危害他物，上不违反天道，下不违背人伦，以中正之道立身处世，形体和精神协调一致，所以灾祸的征兆不会出现，美好的东西汇集于其身，这是获得长寿的方法。

少私寡欲。一个人私心满腹，有强烈的物欲，遇事便会斤斤计较，患得患失，内心焦虑，终日不得其安，久之必积虑成疾，招祸染病。药王孙思邈曾说："养生有五难：名利不去为一难；喜怒不除为二难；声色不去为三难；滋味不绝为四难；神虑精散为五难。"[①]意为养生有五大难题：不去除名利之心是第一难题，不去除喜怒之心是第二难题，不去除声色享乐是第三难题，不放弃美味佳肴是第四难题，精神因过多思虑而耗散是第五难题。所以只有心底坦荡，气定神闲，以平常心态对待人生，知足常乐才能益寿延年。

---

①［唐］孙思邈《千金要方》卷八十一。

第十节　和合齐家

《大学》以修身为本，而齐家是修身的成果，也是个人迈向社会，治国平天下的起点。《易传》曰："父父、子子、兄兄、弟弟、夫夫、妇妇，而家道正。正家，而天下定矣。"家庭和谐，不仅是人生事业成功的基础，也是人生幸福的重要组成部分，同时还是"天下安定"的重要保证。

儒家的齐家之道是通过父子、夫妇、兄弟三重伦理关系的和谐得以实现的。儒家为其规定了夫义妇顺、父慈子孝、兄友弟恭的家庭伦理规范。

夫义妇顺。《增广贤文》中说："夫妻相和好，琴瑟与笙簧。"《礼记》曰："昔三代明王之政，必敬其妻也有道。妻也者，亲之主也，敢不敬欤？"可见夫妇之间最重要的原则就是"爱"与"敬"，缺乏爱，就没有亲情；缺乏敬，就不能端正自己。《白虎通·三纲六纪》云："夫妇者，何谓也？夫者，扶也，以道扶接也。妇者，服也，以礼屈服也。"丈夫以道义接扶妻子，而妻子则要以礼仪服从丈夫。夫妻双方互相理解，互相体谅，互相宽容，互相支持，和睦相处，明朝朱伯庐《朱子家训》中说："家门和顺，虽饔飧不继，亦有余欢。"意思是只要家门和睦，即使粗茶淡饭，家里生活一样感觉快乐美好。

父慈子孝。《礼记·礼运》曰："父子笃，兄弟睦，夫妇和，家之肥也。"所谓"肥"，即健康、和谐、融洽之意。"父子笃"就是父子亲厚，体现在"父慈子孝"。父母对子女的义务是慈爱，承担抚养子女、教育子女的责任；子女对父母的义务是孝敬，承担赡养父母长辈的责任。这里强调的是慈爱，而不能溺爱子女。溺爱的后果是"子孙往往无德，以习于骄恣浇薄故也"[①]。

兄友弟恭。兄长要关心爱护自己的弟妹，而为弟妹者要尊敬顺从兄长。"兄弟同胞一体，弟敬兄爱殷勤。须要同心竭力，毋分尔我才真。"[②]

《朱子家训》告诫："居家戒争讼，讼则终凶。"不分你我，才是真正的兄弟，才能家和万事兴。

---

① [清] 吴汝纶《谕儿书》。

② [清] 石成金《传家宝·安乐铭》。

第十一节 修齐治平

修齐治平即修身、齐家、治国、平天下。是指提高自身修为，管理好家庭，治理好国家，安抚天下百姓苍生的抱负。

修身。“修身”是指一个人在道德上的自我修养和人格上的自我完善。《大学》云：“古之欲明明德于天下者，先治其国；欲治其国者，先齐其家；欲齐其家者，先修其身；欲修其身者，先正其心；欲正其心者，先诚其意；欲诚其意者，先致其知；致知在格物。”修身是齐家、治国、平天下的基础，修身的方法是“格物、致知、诚意、正心”。“格物”是穷究事物之理；“致知”是在“格物”行动中探明本心，求得真知；“诚意”是在推致事物之理的基础上诚实意念；“正心”是排除情绪干扰，保持心灵的宁静。修身源于心正心静，源于“明明德”，由此实现修齐治平。

齐家。“齐家”是指管理家庭、治理家族，使其成员能够团结一致、和睦相处，家业兴隆。《大学》讲“齐家在修身”，即只有完成第一步“修身”之后才能“齐家”。齐家要做到“父子有亲，君臣有义，夫妇有别，长幼有序，朋友有信”[①]。除了要彰显父慈子孝、兄友弟恭、夫妇和睦的家庭伦理规范之外，还要彰显君臣有义、朋友有信的社会伦理规范，齐家才见效果。因此，从修身到齐家的过程，就是一个人从个体的人向社会的人转变的过程。

治国。“治国”是指有机会参与国家管理事务，或服务社会公众的工作。这是一个人成功的标识。首先要为政以德，即孔子所言：“为政以德，譬如北辰，居其所而众星共之。”[②]大意是，按道德的标准从政，就像是北极星，处在自己的位置上，众多的星辰环绕着。孟子曰：“善政不如善教之得民也。善政，民畏之；善教，民爱之。善政得民财，善教得民心。”[③]孟子同样认为法治不如德治。其次是正己化人。“其身正，不令而行；其身不正，虽令不从。”[④]最后是修己以安百姓。《春秋繁露》中说：“故其德足以安乐民者，天予之。”意思是，如果一个帝王的德行足以让老百姓过上安乐的日子，上天就把权力给予他。孟子曰："以德服人者，中心悦而诚服也。"[⑤]所以可以说："政之所兴，在顺民心；政之所废，在逆民心。"[⑥]

平天下。"平天下"是指自己的行为使"普天之下"公平太平、和谐有序。孔子在《礼运大同篇》中为我们描述的天下太平的大同世界，没有战争，人人和睦相处，丰衣足食，安居乐业，这是"平天下"的终极目标。实现了全人类自身的和谐，实现了人与自然的和谐。平天下的路径，仍是以德为先，修己以安天下。孔子曰："故远人不服，则修文德以来之。既来之，则安之。"[⑦]《大学》云："先慎乎德，有德此有人，有人此有土，有土此有财，有财此有用。"

---

① [战国] 孟子《孟子·滕文公上》。

② [春秋] 孔子《论语·为政》。

③ [战国] 孟子《孟子·尽心上》。

④ [春秋] 孔子《论语·子路》。

⑤ [战国] 孟子《孟子·公孙丑下》。

⑥ [春秋] 管仲《管子·牧民》。

⑦ [春秋] 孔子《论语·季氏》。

第十二节 沟通交流

沟通交流是打开人际关系的钥匙，是相知的桥梁，是一门处世的艺术，也是人们在社会交往过程中所必须掌握的学问。

沟通交流的基本原则如下。

道义为本。道义是人与人沟通的基础，缺乏这一基础，人与人之间不可能进行心灵的深层次沟通，也不可能建立持久的关系。欧阳修曾经说过："大凡君子与君子以同道为朋，小人与小人以同利为朋，此自然之理也。"[①]大意是说，君子与君子，是因道义相同，理想目标一致而走在一起；小人与小人，因暂时利益一致勾结在一起。孔子也说："益者三友，损者三友。友直，友谅，友多闻，益矣。友便辟，友善柔，友便佞，损矣。"[②]意思是，有益的朋友有三种，有害的朋友也有三种。正直的朋友，诚信的朋友，知识广博的朋友，是有益的。谄媚逢迎的人，表面奉承的人，花言巧语的人，是有害的。

仁爱之心、人与人、群体与群体、人与群体之间的沟通应保持一颗仁爱之心、助人之心。墨子曾说："是故诸侯相爱则不野战，家主相爱则不相篡，人与人相爱则不相贼，君臣相爱则惠忠，父子相爱则慈孝，兄弟相爱则和调。天下之人皆相爱，强不执弱，众不劫寡，富不侮贫。"[③]说的是诸侯之间相爱，就不会发生战争；家族宗主之间相爱，就不会发生掠夺；人与人之间相爱，就不会相互残害；君臣之间相爱，就会相互施惠、效忠；父子之间相爱，就会相互慈爱、孝敬；兄弟之间相爱，就会相互融洽、协调；天下的人都相爱，强大者就不会控制弱小者，人多者就不会强迫人少者，富足者就不会欺侮贫困者。用今天的话说，就是只要人人都献出一点爱，世界将变成美好人间。

同心同向。沟通的目的是达成共识，统一思想，使信念一致。所谓："二人同心，其利断金；同心之言，其臭如兰。"[④]两人心意相同，犹如利刃可以切断金属；心意相同的语言，气味就像兰草一样芳香。《淮南子》举例子说："故纣之卒，百万之心；武王之卒，三千人皆专而一。故千人同心，则得千人力；万人异心，则无一人之用。"[5]商纣王的士卒，百万人就有百万条心；周武王的部队，三千人集中统一为一体。这样，千人同心就能发挥千人力量；万人异心，就发挥不了一个人的作用。

因人而异。沟通时要针对不同类型的人，采用不同的表达方式。鬼谷子说："故与智者言，依于博；与拙者言，依于辩；与辩者言，依于要；与贵者言，依于势；与富者言，依于高；与贫者言，依于利；与贱者言，依于谦；与勇者言，依于敢；与过者言，依于锐。"[6]意思是，和聪明的人说话，要见识广博；和笨拙的人说话，要有辨析能力；与有辨析能力的人讲话，要突出重点；与地位高的人说话，态度要轩昂；与有钱的人说话，要保持高贵；与穷人说话，要给予他利益；与地位低下的人说话，要谦逊有礼；与勇敢的人说话，不能稍显怯懦；与过激的人说话，要挫其锋芒。

---

① ［宋］欧阳修《朋党论》，《宋文选》卷一。

② ［春秋］孔子《论语·季氏》。

③ ［战国］墨子《墨子·兼爱中》。

④《周易·系辞上》。

⑤ ［汉］刘安《淮南子·兵略训》。

⑥ ［春秋］王诩《鬼谷子·权篇》。

第十三节 天人合一

"天人合一"是指天与人的关系紧密相连，相通相类，和谐统一。中国传统文化中的"天人合一"主要有四种含义：自然之天与人的身心合一，神灵之天与人的灵魂合一，义理之天与人的德性合一，命运之天与人的活动合一。下面主要介绍自然之天与人的身心合一。

效法自然。老子曰："人法地，地法天，天法道，道法自然。"[①]《周易·系辞下》也有关于"象天法地"的论述："古者包牺氏之王天下也，仰则观象于天，俯则观法于地，观鸟兽之文与地之宜，近取诸身，远取诸物，于是始作八卦，以通神明之德，以类万物之情。"《周易·说卦》中："昔者圣人之作《易》也，将以顺性命之理，是以立天之道曰阴与阳，立地之道曰柔与刚，立人之道曰仁与义。"此处表明天地人三才之道乃是天地人合一之道。综上可知，人通过效法自然，学习自然，回归自然，以开物成务，建功立业，改变命运。

尊重自然。"天人合一"思想体现在人们对自然的敬畏和仁爱之心。张载说："乾称父，坤称母。予兹藐焉，乃混然中处。故天地之塞，吾其体；天地之帅，吾其性。民，吾同胞；物，吾与也。"[②]大意是，天地像父母一样创造人与万物，人与万物都是我的同胞兄弟姐妹。仁者爱人类，同时也爱自然万物。张载进一步论述道："大人者，有容物，无去物，有爱物，无徇物，天之道然。天以直养万物。代天而理物者，曲成而不害其直，斯尽道矣。"[③]意为上天公正无私地抚育万物，而人代表上天来治理万物，应该同天一样尊重、容纳、珍惜、仁爱万物。绝不能做"竭泽取鱼，焚林而畋"的事情。

顺应自然。"天人合一"思想主张人们顺应自然规律，合理利用自然资源。老子曰："以辅万物之自然而不敢为。"[④]孟子曰："顺天者存，逆天者亡。"[⑤]意为顺应天道则能生存，逆反天道则会灭亡。《周易》曰："天地节而四时成，节以制度，不伤财，不害民。"天地有节制，四季才形成。人也要节制欲望，取之有度，用之有节。老子曰："见素抱朴，少私寡欲。"[⑥]人需存心淳朴，减少私心和欲望，从而减少祸患和灾难。"祸莫大于不知足，咎莫大于欲得。"[⑦]人们在

“仁爱万物”的基础上，顺应天道，少私寡欲，就能达到“与天地参”的万物和谐之状态，从而返璞归真，享受自然。孟子曰：“大人者，不失其赤子之心者也。”[8]庄子也说：“既雕既琢，复归于朴。”[9]回归天道自然之本真，才是最美好的事。《菜根谭》中有一副韵联：“林间松韵，石上泉声，静里听来，识天地自然鸣佩；草际烟光，水心云影，闲中观去，见乾坤最上文章。”一个人有悠闲自得之心，自能享受自然之妙！

天人合一。庄子曰：“天地与我并生，而万物与我为一。”[10]庄子认为，天地与我共同生存，物我无别，人与天地万物为一体。朱熹说：“盖天地万物本吾一体，吾之心正，则天地之心亦正矣。”[11]意思是，天地万物与我本来是浑然一体的。我的心端正了，天地之心也就端正了。王阳明也说：“人者，天地万物之心也；心者，天地万物之主也。”[12]至此效验了天地人贯通为一、心气联通为一、内外和合为一的境界。孟子曰：“尽其心者，知其性也。知其性，则知天矣。存其心，养其性，所以事天也。殀寿不贰，修身以俟之，所以立命也。”[13]人只要尽力修养善良的内心，就懂得将天赋给人的善良本性并推广施行于天下，也就懂得了天命。终其一生都不改变态度，这就是安身立命的根本。

---

① ［春秋］老子《老子》第二十五章。

② ［宋］张载《张子全书·西铭》。

③ ［宋］张载《正蒙·至当》。

④ ［春秋］老子《老子》第六十四章。

⑤ ［春秋］孟子《孟子·离娄上》。

⑥ ［春秋］老子《老子》第十九章。

⑦ ［春秋］老子《老子》第四十六章。

⑧ ［战国］孟子《孟子·离娄下》。

⑨ ［战国］庄子《庄子·山木》。

⑩ ［战国］庄子《庄子·齐物论》。

⑪ ［宋］朱熹《中庸章句》。

⑫ ［明］王守仁《王文成全书》卷六《答季明德》。

⑬ ［战国］孟子《孟子·尽心上》。